Steffen Hunder

AN JAKOB,
DAS SCHLITZOHR

Briefe mit Randnotizen
an das biblische Bodenpersonal

Luther-Verlag

Bibliographische Information der Deutschen Nationalbibliothek
Die Deutsche Nationalbibliothek verzeichnet diese Publikation
in der Deutschen Nationalbibliographie;
detaillierte bibliographische Daten sind im Internet
über http://dnb.d-nb.de abrufbar.
ISBN 978-3-7858-0726-2

Umwelthinweis:
Dieses Buch wurde auf chlorfrei gebleichtem Papier gedruckt.
© Luther-Verlag, Bielefeld 2017

Umschlaggestaltung: Luther-Verlag, Bielefeld
Idee/Layout: Verb ➤ Agentur für Kommunikationsdesign GmbH, Essen
Umschlaggestaltung und Satz: Luther-Verlag, Bielefeld Druck und Bindung:
Rosch-Buch Druckerei GmbH, Scheßlitz
Printed in Germany

Was glaubst DU?!

Liebe Leserinnen, liebe Leser,

seit über 30 Jahren bin ich Pfarrer an der Essener
Kreuzeskirche. In meinen Predigten habe ich
ver-sucht, den Zuhörerinnen und Zuhörern die ermutigende Botschaft von der Menschenliebe Gottes
nahezubringen.
Die Bibel erzählt davon, wie Menschen Gott begegnet
sind und ihr Leben dadurch entscheidend verändert
wurde. An 18 Personen der Bibel habe ich Briefe
geschrieben, um im Dialog mit ihnen Impulse für
den eigenen Glauben zu bekommen und zu geben.

Diese Briefe haben Freunde und Bekannte in unserer
Zeit kommentiert. Manche Kommentare sind frech,
andere kritisch, wieder andere zweifelnd. Das Spannende ist, auf diese Weise geht das Gespräch über den
Glauben noch weiter.

Das Spektrum der Menschen aus unserer Zeit reicht
von ehrenamtlich engagierten Gemeindegliedern über
eine Schauspielerin, den Oberbürgermeister der Stadt
Essen bis hin zum ehem. Justizminister des Landes
Nordrhein-Westfalen.

An dieser Stelle danke ich allen Kommentatorinnen
und Kommentatoren sehr herzlich für ihre Mitwir-
kung.

Was glaubst DU?! Diese Frage ist aktueller
denn je. Das Deckblatt unseres Buches zeigt das
farbenprächtiger und lebendig. Der New Yorker
POP-Art-Künstler James Rizzi entwarf vor 15 Jahren
auf meine Anregung hin Kirchenfenster für unsere
Kreuzeskirche. James Rizzi fand die Idee faszinierend,
mit seiner fröhlichen und farbenfrohen Kunst
biblische Geschichten zu erzählen und zu vertiefen.
James Rizzi wollte mit seinen Bildern den Menschen
ein Lächeln ins Gesicht zaubern. Das ist ihm mit den
Kirchenfenstern in der Kreuzeskirche auf wunderbare
Weise gelungen. Alle, die heute in unsere Kirche
kommen, erfreuen sich daran, wie fröhlich, lebendig
und farbenfroh die Menschenfreundlichkeit Gottes
dargestellt ist.
»So viele lachende und fröhliche Menschen habe
ich noch nie in einer Kirche gesehen«, sagte eine
Besucherin lächelnd.
Leider konnte James Rizzi die Einweihung seiner
Fenster im August 2016 nicht miterleben, da er im
Dezember 2011 verstorben ist. Aber ich bin fest davon
überzeugt, seine Fenster würden James Rizzi auch ein
Lächeln in sein Gesicht zaubern.

Einen herzlichen Dank möchte ich an dieser Stelle
dem ART 28 KUNSTHANDEL & -VERLAG sagen,
der freundlicherweise den Abdruck der James
Rizzi Fenster genehmigt hat. Meinen beiden
Verlegerinnen Beatrix Gustävel und Susanne Belau
und ihren Mitarbeiterinnen von Verb ⟩ Agentur für
Kommunikationsdesign GmbH in Essen danke ich
für die gute Zusammenarbeit und die tatkräftige
Unterstützung.
Auch beim Luther-Verlag in Bielefeld und seinem
Lektor Hans Möhler bedanke ich mich für die

Bereitschaft, dieses Buch zu veröffentlichen und
damit unter die Menschen zu bringen.

Allen Leserinnen und Lesern wünsche ich viel Freude
bei der Lektüre und grüße herzlich,

Pfarrer Steffen Hunder

Inhalt

Brief an König David,
der den Riesen Goliath erschlug

Lieber König David,

wir haben soeben von deiner große Heldentat
gehört! Das war wahrlich ein echtes Husarenstück.
Wie du, der kleine, unscheinbare, **unbewaffnete**
Hirtenjunge, diesen gewaltigen Kriegshelden Goliath
niedergestreckt hast. Diese Tat ist heute bei uns zu
einem regelrechten Sprichwort geworden: »Wie David
gegen Goliath!« Das sagen wir, wenn jemandem ein
Sieg gelungen ist, den niemand für möglich gehalten
hat.

Wieso »unbewaffnet«?
Die Steinschleuder
war die denkbar
beste Waffe!

Aber so war das bei dir ja auch! Niemand hat dich
für voll genommen, als du dich angeboten hast, gegen
diesen übermächtigen Gegner anzutreten. Gelacht
haben sie! Dich ausgelacht!
Du Dreikäsehoch willst diesen Riesen besiegen! Deine
Brüder wollten dich auf der Stelle wieder nach Hause
schicken. Ihnen war das bestimmt peinlich, dass
du dich gemeldet hast. Ein grüner Junge, der noch
nicht ganz trocken hinter den Ohren ist, will gegen
einen schwerbewaffneten, gut ausgebildeten und
riesigen Krieger antreten! Jugendlicher Leichtsinn ist
das, werden einige gedacht haben, nichts weiter!

Stimmt ja auch,
aber »Freiheit« siegt.

Eigentlich solltest du doch deinen Brüdern nur etwas
zu essen bringen und schauen, ob es ihnen gut geht.
Aber von Einmischung in das Kampfgeschehen
war überhaupt nicht die Rede gewesen. Doch plötzlich

warst du mittendrin im Getümmel! Du hast gehört, wie
dieser riesige Krieger Goliath deine Leute verhöhnte.
Als Feigling beschimpfte er sie, dass sie nicht genug
Mumm haben, um gegen ihn anzutreten. Und das
Schlimmste für dich war, deine Leute haben sich das
ohne Gegenwehr gefallen lassen. Eine ganze Woche
lang ließen sie sich beleidigen, beschimpfen und
erniedrigen, ohne diesem Kerl Paroli zu bieten. All die
Männer, die du so bewundert hast, deine drei großen
Brüder, Jonathan, den tapferen Sohn von König Saul,
aber auch Abner, Sauls Feldherr, sie **alle standen** da
wie gelähmt vor Angst und rührten keinen Finger!

> Eine ganze Woche
> feige rumstehen,
> da wird man
> ja sauer!!

Da muss für dich als kleiner Hirtenjunge eine Welt
zusammengebrochen sein. Die tapferen Kriegshelden
ziehen den Schwanz ein und lassen sich ohne
Gegenwehr beschimpfen und beleidigen. »Das darf
nicht sein! Das kann nicht sein!«, muss es dir durch
den Kopf geschossen sein! »Das Volk Gottes kann und
darf sich doch nicht so verhöhnen lassen! Dagegen
muss ich etwas tun. Das kann und will ich, David,
nicht zulassen!«

Du bist einfach losmarschiert, um das Zelt von König
Saul zu suchen. Deine Brüder wollten dich zwar
noch aufhalten, aber für dich gab es kein Zurück
mehr! Als du vor Saul, deinem König, standest, hast du
fest und bestimmt gesagt: »Ich werde gegen Goliath
kämpfen!«

»Unser Musikant ist verrückt geworden«, hat Hauptmann Abner gesagt. »Geh nach Hause und hüte deine
Schafe. Wenn wir dich als Harfenspieler wieder brauchen, um den König zu erfreuen, dann werden wir
dich rufen!«

»Ich gehe nicht!«, hast du furchtlos gesagt. »Ich werde gegen Goliath antreten, ihn besiegen und die Schmach von unserem Volke nehmen.«

»Du nimmst den Mund ganz schön voll«, hat König Saul zu dir gesagt. »Ich bewundere deinen Mut, David. Aber bedenke, du bist kein Krieger. Wenn selbst meine besten Soldaten nichts ausrichten können, wie willst du es als Hirte und Harfenspieler dann tun?«

Doch diese Abfuhr durch die großen Kriegshelden hattest du schon erwartet und deine Antwort darauf parat: »Ich habe mit Löwen und Bären gekämpft, die sind genauso stark wie Goliath gewesen. Und – das ist das Entscheidende – ich habe sie besiegt!«

Wieso kämpfen Kinder mit Löwen und Bären?

»Du bist verrückt geworden«, hat Abner, der Hauptmann, noch einmal zu dir gesagt. Doch das hat dich nicht mehr gekümmert!

Du warst schon fast raus aus dem königlichen Zelt, da rief dir Saul noch nach: »Zieh wenigstens meine Rüstung an!« Doch der Helm und die Beinschienen des Herrschers waren dir viel zu schwer und zu groß. »Ich kann damit weder laufen noch kämpfen«, hast du geantwortet. »Ich nehme lieber meine Steinschleuder und meinen Hirtenstab mit.«

Doch Saul wollte dich zurückhalten: »Nein, ich kann dich nicht gehen lassen. Ich befehle dir, hier zu bleiben!«

Doch du warst dir ganz sicher! Du tust das Richtige! Du hast gesagt: »Gott hat mich aus den **Tatzen von Löwen und Bären gerettet**, er wird mich auch aus der Hand dieses Philisters retten!« Du warst unerschütterlich davon überzeugt: Gott lässt mich in dieser sehr schwierigen Situation nicht im Stich. Ich kann mich darauf verlassen, er wird mir einen Weg

Hat er die auch mit der Steinschleuder besiegt oder mit den Händen erwürgt?

zeigen, wie ich diese gefährliche Lage meistern kann. Deshalb hast du auch den Befehl König Sauls einfach ignoriert und bist hinauf aufs Schlachtfeld gegangen. Alle müssen dich für verrückt gehalten haben. Ein kleiner unbewaffneter und ungepanzerter Hirtenjunge tritt gegen einen riesenhaften, bis an die Zähne bewaffneten Gegner an!

Auch Goliath muss das gedacht haben. Denn als er dich sah, rief er wutentbrannt: »Ja, bin ich denn ein Hund, dass du mit einem Stock zu mir kommst. Was willst du Säugling denn von mir?« Mucksmäuschen still war es danach im Tal und alle waren ganz gespannt darauf, was du antwortest.
Und wieder hast du ein Bekenntnis zu Gott abgelegt: »Du kommst mit Speer und Wurfspieß!
Ich aber komme im Namen des heiligen Gottes, den du verspottet hast! Heute wird dich Gott in meine Hand geben!«
Darauf hat Goliath nur schallend gelacht und geantwortet: »Du Wurm! Komm ruhig her. Ich werde dich zu Vogelfutter machen und den Rest für die Tiere übrig lassen!« Und dann ist Goliath mit gezücktem Schwert losgestürmt.

Dir war sofort klar: Jetzt geht es um Alles oder Nichts! Erstaunlicherweise bist du vollkommen ruhig geblieben und hast Goliath kommen lassen. Scheinbar warst du dir ganz sicher: Gott lässt mich nicht im Stich. Er ist auf meiner Seite und wird mir die Chance geben, diesen übermächtigen Feind zu besiegen.

Dann hast du ganz ruhig einen Stein aus deiner Tasche genommen, diesen in deine Steinschleuder gelegt, sie mit kräftigen Schwüngen in Bewegung gesetzt und den

Die schärfste Waffe ist der Verstand - wer den Gegner mit fliegenden Steinen tötet, braucht das Schwert nicht mehr fürchten!

Stein herausgeschleudert. Mit großer Geschwindigkeit und absoluter Genauigkeit traf dieser Stein die Stirn von Goliath! Alle konnten sehen, wie Goliath zu wanken begann und kopfüber auf den Boden fiel. Wie ein gefällter Baum stürzte dieser gewaltige Mann zu Boden.

Und blieb liegen. Regungslos! Keiner rührte sich. Die Philister nicht und deine Leute hinter dir auch nicht. Doch dann kam plötzlich Bewegung in die Truppen. »Angreifen!«, brüllte einer. »Los, greift die Philister an. Ihr stärkster Mann ist besiegt!« Dann stürmten deine Leute los. Sie griffen an, waren schon unten bei dir im Flussbett, schwangen ihre Speere und Spieße. Auch die Philister erwachten aus ihrem Schock. Ihr bester Mann war tot. Panische Angst ergriff sie. Da blieb nur die Flucht! Sie liefen auf und davon.

Scheinheilig - Jonathan stand doch bloß feige rum!

Während die anderen noch den Philistern nachsetzten, bist du zu König Saul gegangen, der dir ein großes Kompliment macht: »David, du singst nicht nur **schön, sondern** du bist ein ebenso guter Krieger wie mein Sohn Jonathan.«

Diese Anerkennung tat dir sehr gut und du warst stolz darauf, vom König akzeptiert zu werden. Auch Jonathan hat dich in sein Herz geschlossen. »Ich habe mir schon immer einen tapferen Freund gewünscht«, sagte er zu dir. »Willst du mein Freund sein, David?« Dieses Angebot machte dich sehr froh und noch glücklicher. Für euch - dich, den Hirtenjungen und Bezwinger Goliaths, und Jonathan, den **tapferen Königssohn** - begann an diesem Tage eine innige und tiefe Freundschaft!

wieso tapfer?

Doch schon bei der Heimkehr von Saul und seinen Soldaten wurde klar, dein Weg und Sauls Weg würden

sich bald trennen! Denn als ihr in die Heimatstadt
Sauls einzogt, da hatte sich schon **herumgesprochen**,
dass man dir und nicht König Saul den Sieg über die
Philister zu verdanken hatte. Dementsprechend fiel
auch der Empfang aus.

»Saul hat Tausende erschlagen«, riefen die Menschen
am Straßenrand, »aber David hat uns gerettet!«

Das ging damals ohne Twitter ganz flott.

Als der Feldhauptmann Abner das hörte, schoss ihm
das Blut vor Wut ins Gesicht. Und auch dem König
missfiel das sehr. Als Saul hörte, wie sie dich um-
jubelten und feierten und nicht ihn, wurde er wütend!
Doch sie sangen immer wieder und lauter: »Saul hat
Tausende erschlagen, aber David hat uns gerettet!«
»Pass auf, Saul«, raunte ihm Abner leise zu, »eines
Tages setzt sich David noch auf deinen Thron!«

Missgunst ist wahrhaft nicht königlich!

Und damit, lieber David, sollte Abner recht behalten.
Wir alle wissen, dieser Sieg über Goliath war der
Beginn deines großen Aufstiegs. Allerdings wissen wir
auch, dein Weg zum König deines Volkes war nicht nur
ruhmreich und ehrenvoll. Es gab dabei auch einige
sehr unschöne Geschichten.
Aber davon möchte ich später erzählen.

LÜGENPRESSE!

Heute freue ich mich mit dir, dass Gott an diesem
schweren Tag, als du Goliath gegenübergestanden
hast, bei dir war und dir geholfen hat, diesen
furchtbaren **Gegner zu besiegen.** Allerdings würde
ich mich noch mehr freuen, wenn es bei diesem einen
Opfer geblieben wäre und mit dem Tod Goliaths der
Krieg zwischen euch und den Philistern beendet
gewesen wäre. Leider war das nicht so! Sicher, ich
weiß, so grausam und brutal ist Krieg nun einmal.
Aber damit will und kann ich mich nicht abfinden.

Hat Gott mitgetötet?

Ich wünsche mir vielmehr, dass Gott uns Möglich-
keiten eröffnet, wie wir gefährliche und schlimme
Situationen meistern können, ohne dass dabei Menschen auf der Strecke bleiben.

Über friedliche Konfliktlösungsstrategien würde ich
gerne einmal mit dir diskutieren und grüße dich ganz
herzlich,

Dein *Pfarrer Steffen Hunder*

Die Kommentare sind von:
Beatrix Gustävel
»rechtgläubige Katholikin«

Beruf
Kommunikationsdesignerin

Ich mache hier mit, weil ...
ich in meiner Jugend gerne Lehrerin geworden wäre.

Brief an Kain, der seinen Hass
nicht bezwingen konnte

1 Und Adam erkannte seine Frau Eva, und sie ward
schwanger und gebar den Kain und sprach: Ich habe
einen Mann gewonnen mithilfe des Herrn.
2 Danach gebar sie Abel, seinen Bruder. Und Abel wurde
ein Schäfer, Kain aber wurde ein Ackermann.

3 Es begab sich aber nach etlicher Zeit, dass Kain dem
Herrn Opfer brachte von den Früchten des Feldes.
4 Und auch Abel brachte von den Erstlingen seiner Herde
und von ihrem Fett. Und der Herr sah gnädig an Abel und
sein Opfer,
5 aber Kain und sein Opfer sah er nicht gnädig an. Da
ergrimmte Kain sehr und senkte finster seinen Blick.
6 Da sprach der Herr zu Kain: »Warum ergrimmst du? Und
warum senkst du deinen Blick?
7 Ist's nicht so: Wenn du fromm bist, so kannst du frei
den Blick erheben. Bist du aber nicht fromm, so lauert
die Sünde vor der Tür, und nach dir hat sie Verlangen; du
aber herrsche über sie.«
8 Da sprach Kain zu seinem Bruder Abel: »Lass uns aufs
Feld gehen!« Und es begab sich, als sie auf dem Felde
waren, erhob sich Kain wider seinen Bruder Abel und
schlug ihn tot.
9 Da sprach der Herr zu Kain: »Wo ist dein Bruder Abel?«
Er sprach: »Ich weiß nicht; soll ich meines Bruders Hüter
sein?«
10 Er aber sprach: »Was hast du getan? Die Stimme des
Blutes deines Bruders schreit zu mir von der Erde.
11 Und nun: Verflucht seist du auf der Erde, die ihr Maul
hat aufgetan und deines Bruders Blut von deinen Händen
empfangen.

12 Wenn du den Acker bebauen wirst, soll er dir hinfort seinen Ertrag nicht geben. Unstet und flüchtig sollst du sein auf Erden.«

13 Kain aber sprach zu dem Herrn: »Meine Strafe ist zu schwer, als dass ich sie tragen könnte.

14 Siehe, du treibst mich heute vom Acker, und ich muss mich vor deinem Angesicht verbergen und muss unstet und flüchtig sein auf Erden. So wird mir's gehen, dass mich totschlägt, wer mich findet.«

15 Aber der Herr sprach zu ihm: »Nein, sondern wer Kain totschlägt, das soll siebenfältig gerächt werden.« Und der Herr machte ein Zeichen an Kain, dass ihn niemand erschlüge, der ihn fände.

16 So ging Kain hinweg von dem Angesicht des Herrn und wohnte im Lande Nod, jenseits von Eden, gegen Osten.

(1. Mose 4.1-16 Lutherbibel)

Lieber Kain,

du hast eines der bittersten und traurigsten Kapitel der Bibel geschrieben! Deine fast bösartige Frage: SOLL ICH MEINES BRUDERS HÜTER SEIN? schallt noch heute millionenfach über die gesamte Erde.

KLARO !

Du, Kain, hast den brutalen Kreislauf von Gewalt und Zerstörung von Leben in Gang gebracht! Durch dich, Kain, wird uns allen in schrecklicher Weise vor Augen geführt, wozu wir Menschen fähig sind. Wenn wir uns ungerecht behandelt fühlen, dann gehen oft die Gefühle mit uns durch!

Nichts und niemand kann uns dann mehr aufhalten, um unserem Ärger, unserer Wut; ja unserem Hass Luft zu machen. Du, Kain, bist sozusagen der Prototyp des

Menschen, der seiner Wut, seinem Ärger, ja seinem
Hass über eine ungerechte Behandlung ungezügelten,
freien Lauf lässt! Schon lange gärte es in dir, wenn du
an deinen Bruder Abel gedacht hast. **Dieses Weichei**,
so hast du oft geschimpft, bekommt alles in den Schoß
gelegt.

Softie!

Die Eltern nehmen immer Rücksicht auf ihn, weil er
doch so zart ist, weil er nicht so viel Kraft und Power
hat wie du, sagen die Eltern ständig, deshalb greifen
wir Abel unter die Arme, deshalb braucht er unsere
ganz besondere Hilfe und Zuwendung. Er hat es doch
so schwer - als Schäfer allein bei der Herde, so sagen
sie oft. Das musst du doch verstehn, Kain. Du bist
stark und kräftig! Aber dein kleiner Bruder, der ist zart
und schwach! Das musstest du dir, lieber Kain, stets
und ständig anhören!! Abel hier - Abel dort - Abel in
einem fort! Und deine Wut - dein Ärger wuchs immer
mehr. Du konntest es einfach nicht mehr ertragen,
dass sie - eure Eltern - so taten, als ob nur ihr Kleiner -
Abel - ihre Zuwendung, Liebe und Fürsorge braucht!

Meinen die eigentlich, so ging es dir oft durch den
Kopf, ich bin ein Stück Holz,
ohne Gefühle,
ohne Ängste,
ohne Sehnsüchte!

Pinocchio lässt grüßen!

Auch ich sehne mich danach, dass sie mich mit ihren
liebevollen Gedanken umgeben, dass sie mir ihre
Liebe und Fürsorge schenken. WARUM, so hast du dich
oft verzweifelt gefragt, warum merken sie eigentlich
nicht, wie weh mir das tut, wie sehr mich das verletzt,
wenn sie mir ständig Abel vorziehen und nur an ihn
denken, nur ihn im Blick haben?
Natürlich bin ich der Stärkere von uns beiden. Das
ist keine Frage! Aber das heißt doch nicht, dass ich

nicht auch ihre Zuwendung, ihre Liebe, ihre Fürsorge brauche. WIESO begreifen sie das eigentlich nicht? WIESO ignorieren sie einfach meine Bedürfnisse nach Anerkennung, nach Liebe, nach Geborgenheit? WAS mache ich eigentlich falsch? WIESO nehmen sie meine Signale nicht auf? Nur weil ich meinen Job gut und selbstständig erledige? Nur weil ich fest mit beiden Füßen im Leben stehe? Nur weil ich klar und deutlich weiß, was ich will und wo es langgeht? Das heißt doch noch lange nicht, dass ich nicht auch einmal ein Wort der Anerkennung brauche.

Gut gemacht, Kain! Wir sind stolz auf dich! Du machst uns wirklich Freude! Wir lieben dich, gerade weil du so stark, so selbstständig, so eigenständig bist. Doch solche Worte kommen euren Eltern Adam und Eva nie über die Lippen! Stattdessen hörst du nur: Nimm Rücksicht auf deinen Bruder Abel! Gib dem Kleinen doch eine Chance sich zu entwickeln. Du brauchst uns doch gar nicht mehr!!

Nur mühsam kannst du, Kain, deine Wut, deinen Ärger, über diese ungerechte Behandlung bezähmen. Immer häufiger ertappst du dich dabei, wie du in Gedanken deinem Bruder etwas Schlimmes wünschst, ja wie du dir vorstellst, es würde ihn überhaupt nicht geben!! Wenn Abel nicht wäre, so denkst du manchmal, dann würden mich meine Eltern endlich wieder anerkennen, mich so lieben und annehmen, wie ich bin!
Manchmal ertappst du dich sogar dabei, wie du fantasierst, ihn zu erschlagen, einfach so! Ohne mit der Wimper zu zucken!
Dann packt dich das nackte Entsetzen! WOZU bin ich fähig!? Meinen eigenen Bruder erschlagen?! Das ist doch Quatsch. Das würde ich doch nie tun!

Wenn du dann aus deinen Fantasien schweißgebadet auftauchst, bist du froh, dass alles nur ein Gedanke war, ein böser Traum zwar, aber GOTT SEI DANK - nur ein Traum!

Doch das Undenkbare, das nicht Vorstellbare, das Schreckliche, geschieht tatsächlich! Wie konnte das sein! Wie war das möglich! Die Antwort war klar: »Weil sogar Gott selbst mich ungerecht behandelt hat«, so höre ich dich sagen.

FÜR WAS ??

Es war an den Tag, als du wie Abel **deine Opfergaben darbrachtest**, um ihm deine Ehrerbietung zu zeigen und ihn zu bitten, deine Arbeit und dich zu segnen! Doch was geschieht! Gott würdigt dein Opfer in keiner Weise! Stattdessen erlebst du das Gleiche wie bei den Eltern! Abels Opfer findet in den Augen Gottes Anerkennung und Würdigung. Selbst bei Gott, dem Allmächtigen und Gerechten, wirst du übergangen! Während dein ach so kleiner und schwacher Bruder Abel wieder volle Anerkennung und Zuwendung für sich einheimst. Diese Ungerechtigkeit hast du einfach nicht ertragen! Das war zu viel für dich! Du schäumtest vor Wut und tobtest innerlich vor Ärger! Du spürtest, wie ~~der~~ Hass in dir aufstieg!

»Ich konnte ihn nur noch ganz mühsam bezwingen. Mit starrem Blick zum Boden stand ich vor meiner Opfergabe; meine Gefühle tobten in mir wie ein

EXPLODIER!

Vulkan!« - »Warum bist du so zornig?«, hörte ich plötzlich die Stimme Gottes. »Warum starrst du auf den Boden? Wenn du Gutes im Sinn hast, kannst du frei den Kopf erheben; aber wenn du Böses planst, lauert die Schuld vor der Tür deines Herzens und will dich verschlingen. Du musst Herr über sie sein!« Das war leichter gesagt als getan! Alle behandeln mich ~~alle~~ ungerecht: Abel, der mich stets spüren lässt,

dass er der Liebling aller ist, dann meine Eltern, die
mir dauernd ganz unverhohlen zeigen, wie sie Abel
vorziehen und ihn hofieren und nun sogar Gott selbst,
der einfach mein Opfer links liegen lässt und Abels
Opfer meinem vorzieht. Und jetzt, wo mein Zorn auf
dem Höhepunkt ist, da sagt mir Gott so lapidar:

Kain, bezähme deine Wut –
Kain, unterdrücke deinen Zorn –

... Do it!

Kain, zügle deinen Hass!
Als wenn man einfach einen Knopf zum Abstellen
hätte!
Aber leider Gottes – **es war zu spät**! für all diese

Der Zug ist
abgefahren.

Appelle an deine Vernunft! Dein Zorn – deine Wut
– dein Hass waren so übermächtig geworden. Du
konntest sie weder zügeln noch ausräumen.

Als ob jemand bei dir die Schleusen der Gewalt und
Zerstörung geöffnet hätte, so fühltest du dich.
»Er muss weg!«
»Er muss weg!«
»Er muss weg!«
Abel muss endlich weg. Koste es, was es wolle! So
schoss es dir in den Kopf, ins Herz, in die Hände!
Dein Herz war zu einem Stein des Hasses geworden!
»Komm, lass uns aufs Feld gehen«, hast du hinter-
hältig zu deinem Bruder gesagt. Er – Abel – ahnte
noch nicht einmal, was du vorhattest. Ohne arg-
wöhnisch zu werden, folgte er dir aufs Feld, an einen
einsamen verschwiegenen Ort. Und als er sich dann
auf einem Fels niederließ, da hast du ihn mit einem
Stein erschlagen!!

Einfach so! Ohne mit der Wimper zu zucken!! So wie
vielfach in deinem Alptraum! Nur diesmal war es

kein Alptraum! Nein, es war die Realität, die brutale, ungeschminkte, gnadenlose und erbarmungslose Realität. Du - Kain - hast ABEL, deinen Bruder, totgeschlagen!! Einfach so! Ohne mit der Wimper zu zucken! Wie im Rausch ist das Furchtbare, das Unvorstellbare geschehen! KAIN, DU BIST ZUM BRUDERMÖRDER geworden!

Daran gibt es nichts zu beschönigen! Das kann und will ich auch nicht entschuldigen. »Da sprach Gott, der Herr zu Kain: »Wo ist dein Bruder Abel?« Er sprach: »Ich weiß nicht; soll ich meines Bruders Hüter sein?!?« Gott aber sprach: »WAS HAST DU GETAN? Die Stimme des Blutes deines Bruders schreit zu mir von der Erde!! Kain - Bruder Kain -, du bist zu weit gegangen. Und du hast es gewusst! »Soll ich meines Bruders Hüter sein?«, mit dieser zynischen Frage hast du dich **aus der Verantwortung stehlen wollen!**

Hier geblieben !

Hört das denn nie auf?

Aber das ist dir nicht gelungen! Das konnte dir auch gar nicht gelingen! **Dein Bruder lag tot da! Sein Blut tränkte die Erde!** Du hast mit deiner Tat - Kain - die Grenze überschritten, die eigentlich niemand übertreten darf! Du hast ein Menschenleben ausgelöscht! Diese abscheuliche Tat kann und wird nicht verborgen bleiben! Nicht vor den Menschen und schon gar nicht vor Gott! Und nun sagte Gott, der Herr: »Verflucht seist du auf der Erde, die ihr Maul hat aufgetan und deines Bruders Blut von deinen Händen empfangen. Wenn du den Acker bebauen wirst, soll er dir hinfort seinen Ertrag nicht geben. Unstet und flüchtig sollst du sein auf Erden.«

Erst als Gott dir vor Augen geführt hat, welch schreckliche Tat du begangen hast und dass du dafür zur Rechenschaft gezogen wirst, erst dann bist du wieder zur Besinnung gekommen!

Die böse Tat, die du begangen hast, sie hat dich ganz
schnell eingeholt! Mit deinem Brudermord hast du
dein Heimatrecht verwirkt. Wie ein Ausgestoßener
solltest du jetzt leben, nachdem du deinem Bruder
das Leben genommen hast. Deine gewaltige Schuld,
die du auf dich geladen hast, trennte dich jetzt von
der menschlichen Gemeinschaft! Aber auch von Gott!
Als dir das bewusst wurde, da packte dich die nackte
Angst und das blanke Entsetzen!

Kain aber sprach zum Herrn: Meine Strafe ist zu
schwer, als dass ich sie tragen könnte. Siehe, du
treibst mich heute vom Acker, und ich muss mich vor
deinem Angesicht verbergen und **muss unstet und
flüchtig sein auf Erden.** So wird mir's gehen, dass
mich totschlägt, wer mich findet.«

Wir sind alle Ausländer -
fast überall!

Aber der Herr sprach zu ihm: »Nein, sondern wer
Kain totschlägt, das soll siebenfältig gerächt werden.«
Und der Herr machte ein Zeichen an Kain, dass ihn
niemand erschlüge, der ihn fände. So ging Kain
hinweg von dem Angesicht des Herrn und wohnte im
Lande Nod, jenseits von Eden, gegen Osten.

Nein, Kain, erschlagen durfte dich keiner! Das wäre
in den Augen Gottes zu einfach gewesen. Auge um
Auge, Zahn um Zahn! Eigentlich hätte Gott kurze
Fuffzehn mit dir machen lassen können. Das Recht
hätte er damals dazu gehabt!!
Aber damit hätte er dir, Kain, jede Möglichkeit
genommen, dich mit deiner Schuld, die du auf dich
geladen hast, auseinanderzusetzen! Niemand - auch
Gott nicht - konnte diese furchtbare Tat - den Mord
an deinem Bruder - wieder rückgängig machen! Sie
war geschehen! Du musstest jetzt lernen, mit dieser
schrecklichen Tat zu leben.

Wir hatten gehört, was dich soweit getrieben hat: verletzte Eitelkeit, erlittene Ungerechtigkeit, mangelnde Liebe und Zuwendung! All das haben wir - lieber Kain - gehört! Möglicherweise können wir dich auch bis zu einem gewissen Grade verstehen. Deine Wut über erlittene Ungerechtigkeit, deinen Zorn darüber, dass du immer zurückgesetzt wurdest und vielleicht sogar deinen Hass auf deinen kleinen Bruder!
Aber - lieber Kain -, und das sage ich mit allem Nachdruck: Wir können, wollen und werden deine TAT nicht rechtfertigen! Nichts und niemand gibt uns das Recht, einem anderen Menschen das Leben zu nehmen! Wenn wir das tun - so wie du es getan hast, Kain -, dann überschreiten wir eine Grenze, die wir nicht überschreiten dürfen! Wir laden damit eine so große und gewaltige Schuld auf uns, an der wir unser Leben lang zu tragen haben werden!

Gott hat dich, Kain, am Leben gelassen, damit du mit deiner Schuld zu leben lernst! Gott hat dir **eine zweite Chance gegeben**! Du hast sie genutzt! Du hast eine Familie gegründet und damit neues Leben geschaffen! Du musstest noch einmal neu lernen, was Ehrfurcht vor dem Leben bedeutet! Ehrfurcht vor dem Leben heißt: dass ich meiner Wut und meinem Zorn nicht freien Lauf lasse und mich nicht von der Welle des Hasses hinwegreißen lasse! Dass ich andere Wege finde, meine Gefühle zu leben und zu verarbeiten. Aber - leider Gottes -, deine Geschichte hat uns Nachfolgende nicht davor bewahrt, immer und immer wieder die Ehrfurcht vor dem Leben in gröblichster Weise zu verletzen! Auch heute noch treiben Wut, Zorn und Hass Menschen dazu, andere zu verletzen, zu misshandeln, ja sogar zu erschlagen. Und leider Gottes geschehen noch immer Brudermorde wie z.B.

Gott sei Dank!

»Dafür nich!«

in Syrien oder in Mali oder in der Ukraine. Deine Geschichte – lieber Kain – sie könnte uns eigentlich die
Augen, die Herzen und unseren Verstand öffnen für
ein Leben in Ehrfurcht vor dem Leben. Leider erleben
wir tagtäglich genau das Gegenteil!

Wir hören in allen Sprachen dieser Erde deine zynische Frage: SOLL ICH MEINES BRUDERS HÜTER SEIN?
Ja, lieber Kain, **du sollst deines Bruders Hüter sein
und wir auch!** ————————————— AMEN !

Herzliche Grüße
Dein *Pfarrer Steffen Hunder*

Die Kommentare sind von:
  Isabel Katharina Sandig

Beruf:
  Kunstlehrerin

Ich mache hier mit, weil ...
  ich Comics schon als Kind geliebt habe!

Brief an Sara, die lachen musste

Liebe Sara,

Du bist der **erste Mensch** in der Bibel, der spontan loslacht, weil du hörst, dass du als betagte Frau noch einen Sohn zur Welt bringen sollst.

Schade eigentlich, dass nicht mehr in der Bibel gelacht wird!

Du und dein Mann Abraham, ihr hattet eine bewegte Lebensgeschichte. Gott schickte euch im hohen Alter von eurer Heimatstadt Haran, die in der heutigen Türkei liegt, in das Land Kanaan, das heutige Israel.

MIGRANTEN!

Du bist deinem Mann gefolgt, weil auch du Gott vertraut hast, der euch eine große Nachkommenschaft verheißen hat. Doch dein Schoß blieb unfruchtbar. Das machte dich sehr traurig. Aber du wirst aktiv.

Damit Abraham einen leiblichen Erben bekommt, arrangierst du, dass dein Mann mit Hagar ein Kind zeugt. Hagar ist eure Sklavin. Das war zu eurer Zeit ein durchaus übliches Verfahren.
Aber kaum ist Hagar schwanger, wird sie dir gegenüber hochmütig und ausfallend. Das verletzt dich sehr und bringt dich in Rage. Du bittest Abraham, den Streit zwischen dir und Hagar zu schlichten.

Feigling!

Doch Abraham hält sich raus. Du sollst die Sache mit deiner Haushaltshilfe selbst regeln. Leider gelingt dir das nicht. Hagar flieht aus Angst vor dir in die Wüste. Gott selbst schafft es schließlich, die Sache zwischen euch beiden Frauen zu kitten. Hagar kommt zurück. Nach der Geburt ihres Sohnes Ismael jedoch stellt sich heraus, dass ein Zusammenleben auf Dauer nicht möglich ist. Hagar muss mit ihrem Sohn das Feld räumen.

Sehr tragisch!

Mittlerweile bist du fast 90 Jahre alt und Abraham
fast 100 Jahre. Da wird euch gesagt, ihr werdet
doch noch einen gemeinsamen Sohn bekommen.
Die Ankündigung kommt von oberster Stelle.
Gott selbst ist es, der in Gestalt von drei Männern in
der Oase vor Abrahams Zelt erscheint, um ihm das zu
sagen.
Du, liebe Sara, **stehst hinter der Zeltwand** und hörst
das Gespräch mit. Als du diese Botschaft vernimmst,
lachst du in dich hinein und sagst: »Nun, da ich alt
bin, soll ich noch Liebeslust erfahren, und auch mein
Herr ist alt!«
Das klingt total logisch. Du lachst, liebe Sara, weil du
einfach nicht glauben kannst, mit deinen fast neunzig
Jahren noch ein Kind zu bekommen.
Das kann ich gut nachvollziehen. Doch Gott steckt
voller Wunder und Überraschungen.

Chauvis!

Du hast schon so viele bittere Tränen geweint,
weil du kein Kind bekommen hast. Die Hoffnung
auf Nachwuchs ist in dir längst erstorben. Deine
biologische Uhr ist allemal abgelaufen.

Natürlich hörst du, was Gottes Engel Abraham sagt:
»Sollte dem Herrn etwas unmöglich sein? Um diese
Zeit will ich wieder zu dir kommen übers Jahr; dann
soll Sara einen Sohn haben.« Doch dir, liebe Sara, fällt
es unendlich schwer, dies zu glauben. Deshalb huscht
ein ungläubiges Lächeln über dein Gesicht. Damit
willst du Gottes Verheißung nicht lächerlich machen.
Nein, dein Lachen zeigt nur, wie verzweifelt und
verunsichert du bist.

Gottes Engel fragt Abraham, warum du lachst. »Ich
habe nicht gelacht«, antwortest du voller Verlegenheit.

Du fühlst dich von Gott ertappt! Gott, liebe Sara, hat dir ins Herz geschaut und deine tiefen Zweifel und deine Verunsicherung gesehen. Ihm kannst du nichts vormachen.

Gottes Engel sagt durch die Zeltwand hindurch zu dir: »Doch, du hast wirklich gelacht.« Zu diesem Zeitpunkt ist dein Lachen, liebe Sara, Ausdruck deiner Hoffnungslosigkeit und Unsicherheit.

Die Verheißung hat Abraham wohl auf die Sprünge geholfen.

Das ändert sich im Laufe der nächsten Monate Gott sei dank vollständig. Eure Leute erleben, wie du voller Heiterkeit und Freude durch das Lager gehst. Du strahlst von innen heraus, seitdem du weißt, dass du tatsächlich schwanger bist.

Die Leute sind total aus dem Häuschen. Keine und keinen hält es da mehr in den Zelten. Überall bilden sich kleine Grüppchen. Überall stehen sie zusammen, um sich hinter vorgehaltener Hand das Neueste zu erzählen.

»Nein, das kann nicht sein!«, hört man es raunen. »Aber wenn ich es dir sage! Ich habe es mit meinen eigenen Augen gesehen!« – »Schwatz nicht, denk doch mal nach, das kann doch gar nicht sein!« – »Genau, überleg mal, unsere Sara feiert dieses Jahr noch ihren Neunzigsten, und du willst uns weismachen, dass sie jetzt schwanger ist. Ha, dass ich nicht lache ...« Gelächter bricht aus. »Meinetwegen, dann glaubt ihr mir halt nicht! Ich weiß ja selber, dass es verrückt klingt, aber ich habe unsere alte Sara heute Morgen beim Baden im Fluss gesehen, und ich sag euch, die hat einen dicken Bauch, **die bekommt ein Kind, da mach ich jede Wette!**«

Unheiliger Dorftratsch

Plötzlich wird es mucksmäuschen still. Alle gehen sie auseinander, wie wenn nichts gewesen wäre. Alle tun sie so, wie wenn sie gerade tierisch beschäftigt sind und völlig angestrengt ihrer Arbeit nachgehen. Was ist geschehen? Du, liebe Sara, bist aus deinem Zelt getreten. Und so beschäftigt auch alle anderen tun, keiner lässt es sich nehmen, heimlich auf deinen Bauch zu schielen.

Du genießt diese Aufmerksamkeit sehr. Du verdenkst es deinen Leuten auch nicht, wenn viele ungläubig lachen ... und sagen: »Unsere Sara und schwanger. Das glaube ich nicht.«

Vor ein paar Monaten hast du doch selbst noch darüber gelacht, als jene drei wildfremden Besucher bei euch waren. Der eine Satz von damals, der hat bei dir gesessen: »Sollte dem Herrn etwas unmöglich sein?« **Das hat dich nachdenklich gemacht:** Sollte dem Herrn tatsächlich irgendetwas unmöglich sein?

Halleluja, Sara erkennt, dass ihr Glück von Gott und nicht von Abraham abhängt.

Seither sind viele Wochen vergangen. Jetzt musst du wieder lachen - jetzt kannst du wieder lachen! Aber ganz anders als damals. Jetzt lachst du vor Freude: Denn du bist tatsächlich schwanger!

Zuerst konntest du es selbst nicht glauben. Du hast zu niemandem etwas gesagt, nicht einmal zu Abraham. Aber alles schien doch darauf hinzuweisen, dass du schwanger bist! Du spürtest immer deutlicher, dass ein Kind in deinem Bauch heranwächst - und das in deinem Alter! Immer wieder musstest du an das Wort des Fremden denken: Sollte Gott etwas unmöglich sein? Und jetzt ist es dir zur Gewissheit geworden: Nein, Gott ist nichts unmöglich!

Krass!

Jetzt kannst du den ganzen Tag nur hüpfen und springen und singen und lachen. Alle sollen es sehen und hören. Du bist **überglücklich**: Gott hat sein

Lebensfreude ist hier Freude über neues Leben.

Versprechen wahr gemacht – das steht für dich fest!
Darüber kannst du nur noch jubeln, dafür lobst du
Gott. Dein gesegneter Bauch spricht für sich ... Jeder,
der Augen im Kopf hat, kann es jetzt sehen: Gott hat
an dir Wunder vollbracht! Unserm Gott ist wirklich
nichts unmöglich! Und so ein Wunder ganz nebenbei
ist, dass die Schwangerschaft dir trotz deines Alters
keinerlei Probleme bereitet. Na, da kann doch nur Gott
seine Hände im Spiel haben.

Rund ein Jahr, nachdem eben jene drei Fremde euch
besucht hatten, findet der Jubel in eurem Lager Abrahams kein Ende mehr! Als plötzlich das Gequietsche
eines kleinen Kindes aus deinem Zelt zu hören ist,
wird gesungen, getanzt und gelacht. Alle liegen sich
in den Armen. Das ist ein großer Freudentag. Überall
wird gelacht und gelacht! Gott hat Abraham und Sara
in ihrem Alter noch ein Kind geschenkt!

Jetzt wird für jeden offenbar: Gott hält sein Versprechen! – Lange hat es gedauert, viele Jahre sind ins Land
gezogen, aber Gott hat nicht vergessen, was er Abraham
versprochen hat: Nachkommen. Noch ist es einer. Aber
jedem ist klar: **Für Gott ist nichts unmöglich!** Er kann
dir und Abraham Kinder und Kindeskinder schenken,
so zahlreich, wie die Sterne am Himmel sind. Du wirst
diese Szene sicher nie vergessen, wie Abraham mit
eurem Sohn vor euer Zelt tritt. Voller Freude hebt er
den Säugling empor. Großer Jubel bricht aus. Das Lager
ist voller Lachen! Abraham lacht und auch du, liebe
Sara, lachst in deinem Zelt vor Freude, so schwach du
nach der Geburt auch bist.

Lachen ist Befreiung.
Das gehört zur Freiheit eines
Christen-Menschen dazu.

Dann erhebt Abraham seine Stimme: »Das ist mein
Sohn! Gott hat ihn uns geschenkt! Und Gott hat auch

und Saras!

einen Namen für ihn ausgesucht: Isaak! Lachen!
Vor einem Jahr haben wir gelacht, als uns Gott in
unserem Alter noch einen Sohn versprach! Ihr habt
jeden ausgelacht, der behauptet hat, dass meine
Sara in ihrem Alter noch ein Kind zur Welt bringen
soll! Und heute lachen wir wieder! Heute lachen
wir darüber, wie dumm wir waren, dass wir Gottes
Versprechen nicht mehr Glauben geschenkt haben.
Heute lachen wir, weil wir uns freuen! Wir freuen
uns über dieses Kind! Und wir freuen uns, dass wir
mit diesem Kind sehen dürfen: »Gott ist nichts -
aber auch gar nichts - unmöglich!«

Diese Worte Abrahams haben dich, liebe Sara, glücklich gemacht und tief bewegt. In diesen Tagen wurde
noch viel gefeiert in eurem Lager, so groß war die
Freude über den kleinen Jungen, den Isaak. Die Tage
gehen so dahin. Aber nichts ist mehr wie früher. In
die Zelte von euch beiden alten Herrschaften ist Leben
gekommen.

Zuerst ist es das Schreien Isaaks, weil er Hunger hat
oder weil er die Hosen voll hat. Die ersten Zähne!
Jeder im Lager will sie sehen. Bei dir ist fortan viel los!
Dann krabbelt der Kleine über die Teppiche im Zelt.
Und macht seine ersten Schritte. Jetzt ist nichts mehr
vor ihm sicher. Es ist anstrengend, aber ihr als Eltern
seid **die glücklichsten Menschen auf der Erde**! Der
kleine Isaak gibt euch viel Grund zum Lachen. Du und
Abraham, ihr habt alle Hände voll zu tun. Und ihr tut
es gerne. Euer lang ersehnter Wunsch ist nun endlich
wahr geworden.

Jedes Kind ist
ein Versprechen.

Der Dank gegenüber Gott fand kein Ende! Nach etwa
drei Jahren gebt ihr ein großes Fest. Bis dahin wird

der kleine Kerl an deiner Brust großgezogen. Viel länger als das bei uns heute üblich ist! Euer Isaak ist in der Zwischenzeit ein kräftiger und strammer Junge geworden. Abraham möchte Gott dafür danken, dass er seinen Sohn Isaak so gut hat gedeihen lassen. - viele Kinder sind damals in den ersten Monaten und Jahren gestorben. Aber Gott hat seine schützende Hand über euren Sohn gehalten. Wenn das kein Grund zu feiern war? Das muss gefeiert werden!

Er hatte ja auch noch Großes vor mit Abraham und Isaak.

Alle sollen davon hören, alle aus nah und fern sollen erfahren, was für ein wunderbarer Gott der Gott Abrahams und Saras ist. Alle werden eingeladen. Es gibt ein riesiges Fest. Jedem erzählt ihr, du und Abraham, eure Geschichte: Wie Gott Abraham*
einst aus einem fernen Land gerufen hat und ihm versprochen hat: Ich will dir dieses Land schenken und du sollst einmal so viele Nachkommen haben, wie es Sand am Meer gibt.

* und Sara

Euch?
Ihr?

Du, liebe Sara, musst erzählen, wie du es nach so vielen Jahren vergeblichen Wartens nicht mehr glauben konntest, dass Gott sein Versprechen hält und wie Gott dich nach so vielen Jahren gelehrt hat, dass ihm nichts unmöglich ist!

Alle lachen voller Freude und Dankbarkeit. Dein Lachen, liebe Sara, ist besonders ausgelassen und herzlich. Dann hebst du deinen Sohn Isaak in die Höhe und rufst laut: »Gott hat uns ein Lachen geschenkt. Nichts ist ihm unmöglich! Ist Gott nicht wunderbar?« Ja, liebe Sara, du hast recht, Gott ist wunderbar!

Und wir müssen öfter gemeinsam lachen, um uns daran zu erinnern!

Herzliche Grüße
Dein Pfarrer Steffen Hunder

Die Kommentare sind von:
Andreas und Ulrike Laufer,
ökumenische Christen

Beruf:
Bankkaufmann und Historikerin

Wir machen hier mit, weil ...
uns diese Geschichte so gut gefällt.

Brief an Miriam, die Prophetin Gottes

Ein Siegeslied 2. Mose 15, 1-2 & 20-21
1 Damals sangen Mose und die Israeliten dies Lied dem
Herrn und sprachen:
Ich will dem Herrn singen,
denn er ist hoch erhaben;
Ross und Reiter hat er ins Meer gestürzt.
2 Der Herr ist meine Stärke
und mein Lobgesang
und ist mein Heil.
Das ist mein Gott,
ich will ihn preisen,
er ist meines Vaters Gott,
ich will ihn erheben.
20 Da nahm Mirjam, die Prophetin,
Aarons Schwester,
eine Pauke in ihre Hand,
und alle Frauen folgten ihr nach
mit Pauken im Reigen.
21 Und Mirjam sang ihnen vor:
Lasst uns dem Herrn singen,
denn er ist hoch erhaben;
Ross und Reiter hat er ins Meer gestürzt.

Liebe Miriam,

du bist die große Schwester von Mose und Aaron,
die mit dir zusammen euer Volk aus Ägypten
herausgeführt haben. Du hast deinen kleinen Bruder
Mose damals im Schilfkörbchen in den Nil gesetzt,
um ihn vor der Staatspolizei des Pharaos zu retten,
der alle neugeborenen Söhne Israels umbringen lassen
wollte.

Dir ist **die rettende Idee** gekommen, deinen kleinen Bruder Mose der Tochter des Pharaos als Pflegekind ans Herz zu legen. Eure Mutter durfte Mose dann bei euch zu Hause als Amme ernähren. Auch dies hast du ganz geschickt eingefädelt. Du warst für deinen kleinen Bruder **die große Beschützerin.** Und du warst sehr stolz auf ihn. Denn Mose wuchs im Palast des Pharaos wie ein Königssohn auf, obwohl er ein Kind israelitischer Sklaven war.

> Ausgesprochen clever würde ich sagen!

> Mehr noch: lebenswichtig oder besser überlebenswichtig. Und das nicht nur zu Beginn seines Lebens, sondern von A bis Ω.

Doch du hast auch den großen inneren Konflikt gespürt, unter dem Mose gelitten hat. Bei euch zu Hause erlebte er bittere Armut und im Palast war er von unermesslichem Reichtum umgeben. Diese Spannung hat Mose oft traurig und niedergeschlagen gemacht. Er konnte diese Ungerechtigkeit nur schwer aushalten. Oft hast du, liebe Miriam, versucht, Mose zu trösten. Du hast ihn liebevoll in den Arm genommen und ihm gesagt, dass Gott noch etwas ganz Besonderes mit ihm vorhat. »Du, mein lieber kleiner Bruder, bist von Gott auserkoren, um uns eines Tages aus der Knechtschaft zu befreien!«

> Extern so etwa wie zweite Besetzung – intern wohl eher die Hauptrolle, oder?

Das hast du Mose immer wieder gesagt und er hat dich ganz ungläubig angeschaut und gefragt: »Wie soll das gehen? Ich bin ein heimatloser Wanderer zwischen den Welten. Ich gehöre weder ganz in den Palast des Pharaos noch ganz in die Hütte der Sklaven. Und ich fühle mich oft so verlassen und allein. Wie soll ich mein unterdrücktes Volk befreien können?«

Du hast die tiefe Verzweiflung deines Bruders gespürt und das hat dir richtig weh getan. Aber dein fester Glaube an den Gott eurer Väter und Mütter wie Abraham und Sara, Isaak und Rebekka, Jakob und Rahel hat dich zuversichtlich sein lassen, dass Gott auch euch auf einen guten Weg bringen wird.

Wer ist jetzt nochmal
das emotional
und wer das rational
reagierende Geschlecht?

Auch irgendwie ungerecht:
Du bist doch nur loyal und
musst trotzdem den Kopf
für ihn hinhalten.

Doch bis es soweit war, passierte noch einiges an dramatischen Ereignissen. **Mose erschlug im Affekt** einen ägyptischen Aufseher, der einen israelitischen Sklaven übel traktiert hatte. Um sich der Bestrafung zu entziehen, floh Mose nach Midian. Für euch, liebe Miriam, hatte der Totschlag deines Bruders schlimme Folgen. Ihr musstest noch höhere Leistungen bei eurer Sklavenarbeit bringen und eure Essensrationen wurden reduziert. Viele von deine Landsleuten haben Mose damals verflucht. »Schande und Elend hat dein Bruder über uns gebracht«, so haben sie dir entgegengeschleudert.

Doch du, liebe Miriam, hast dich davon nicht beirren lassen. Du hast deinen Bruder immer geliebt und ihn gegen diese Anfeindungen verteidigt. »Er hat es nur gut gemeint«, hast du den Kritikern entgegengehalten. »Mose konnte die Ungerechtigkeit nicht mehr aushalten, deshalb hat er eingegriffen.« – »Aber er hätte den Aufseher nicht gleich erschlagen müssen«, hielten dir die anderen entgegen. – »Das wollte er auch nicht«, hast du vehement erwidert. »Es war ein tragischer Unfall, das müsst ihr mir glauben!« »Das glaubst du doch selber nicht. Du kennst doch deinen Bruder und seinen Jähzorn.

Der hat sich doch noch nie im Griff gehabt! Und außerdem, wenn es ein Unfall gewesen ist, warum ist er dann nicht hier geblieben und hat die Sache aufgeklärt. Stattdessen hat er sich aus dem Staub gemacht und wir können die Suppe jetzt auslöffeln!« An diesem Punkt des Streitgespräches warst du, liebe Miriam, auch mit deinem Latein am Ende. Solltest du dich tatsächlich geirrt haben, was den Weg von Moses angeht. Sollte er doch nicht der Hoffnungsträger für euer Volk sein? Das durfte und konnte nicht sein. Gott hatte ihn doch nicht als Kind vor den Polizisten des

Pharaos gerettet, um ihn dann kläglich scheitern zu lassen als flüchtigen Totschläger.

Du solltest recht behalten, liebe Miriam. Denn nach einigen Jahren stand Mose plötzlich vor dir. Du hast zunächst deinen Augen nicht getraut. Doch als er dich ansprach und dich in seine Arme nahm, warst du dir sicher, er ist zurückgekehrt. Und dann sprudelte es aus ihm heraus. Wie er in der Fremde seine Frau Zippora kennengelernt hatte und mit ihr eine Familie gründen konnte. Zwei Söhne schenkte ihm Zippora. Alles schien in seinem neuen Leben in Ordnung zu sein.

Doch dann ereignete sich die Begegnung mit Gott am brennenden Dornbusch. Dort gab Gott Mose den Auftrag, zu seinem leidenden Volk zurückzukehren. Alle Versuche, sich dem zu entziehen, ließ Gott nicht zu. »**Tu dich mit deinem Bruder Aaron zusammen**«, trug Gott Mose auf. »Aaron ist redegewandt und wird dich bei der Befreiung meines geplagten Volkes tatkräftig unterstützen.«

Na, fehlt da nicht ein Name bzw. die Besetzung der dritten Hauptrolle?

Und so kam es dann auch. Deine beiden Brüder traten im Auftrag Gottes vor den Pharao hin und baten ihn um die Freilassung der Kinder Israels. Doch der Pharao wollte euch nicht ziehen lassen. Erst als die Erstgeborenen seines Landes starben und sein eigener Sohn mit, ließ er euch wutschnaubend abziehen.

* Mirjam, du bist an der Seite deiner Brüder gegangen. *
Gemeinsam habt ihr euer Volk angeführt auf den Weg in die Freiheit und die Israeliten folgten euch. Wenn einige mutlos wurden, dann hast du, liebe Mirjam, sie getröstet und ihnen Mut zugesprochen. Du hast immer auf Gott hingewiesen und gesagt: »Gott ist mit uns. Schaut nur, die Wolkensäule, da ist Gott!« Und nachts hast du auf die Feuersäule gezeigt, die euch voranzog, und deinen Leuten gesagt: »Schaut, Gott lässt uns

Also doch! Dafür gibt es heute Gender-Beauftragte – früher ging es anscheinend auch ohne. Im wahrsten Sinne des Wortes: »Gott sei Dank«

nicht allein. Mit seiner Hilfe finden wir den Weg!«
Manchmal hast du auch gesungen, um dich und die
anderen aufzumuntern.

Aber dann schien auf einmal alles aus. Der Mut,
die Begeisterung, die Hoffnung, alles war wie weg-
geblasen. Am Horizont hinter euch tauchte das
ägyptische Heer auf. Der Pharao wollte euch als billige
Arbeitskräfte nicht so einfach wegziehen lassen, er
wollte sie zurück. Voller Angst schrien eure Leute wild
durcheinander: »Die Ägypter! Die Ägypter! Sie holen
uns ein. Sie lassen uns nicht fort. Ach, wären wir
doch nie fortgezogen! Sie werden uns umbringen! Was
sollen wir tun?«

Du und deine Brüder, Aaron und Mose, ihr hattet
größte Mühe, eure verängstigten Leute zur Ruhe zu
bringen und zum geordneten Weitergehen zu bewegen.
»**Gott ist doch mit uns**. Er lässt uns nicht allein.
Ihr müsst keine Angst haben!«, so habt ihr dem Volk
zugeredet. Langsam seid ihr weitergezogen.

Ihr wart gerade im Gebiet der Seen und Wadis, die sich
so schnell mit Wasser füllen können. Und wirklich, die
Angst verging, sie ging unter, so wie die Ägypter auf
einmal in den hereinbrechenden Fluten untergingen.
Und mit den Ägyptern ging all die Not, all das Weinen
und Klagen, der Schrecken und die Verzweiflung, das
ganze schreckliche Leben unter, das ihr geführt hattet;
es verschwand in den Fluten, die das ganze Land auf
einmal füllten. Gott hat euch sicher hindurchgeführt.
Plötzlich wart ihr frei.

Und du, liebe Mirjam, warst so froh und glücklich wie
nie zuvor. In deiner überschwänglichen Begeisterung
hast du ein Lied angestimmt, ein Jubellied. Auf einem
Tamburin schlugst du den Takt, und alle Frauen ließen
sich mitreißen und sangen begeistert mit. Sie sangen

Einmal mehr ein
Beweis, dass (Deine)
beeindruckende
Glaubensstärke nicht
nur Berge versetzen,
sondern anscheinend
auch Meere entstehen
lassen kann.

und tanzten aus Erleichterung, aus Freude über Gott, der sie nicht im Stich gelassen hatte: »Singt dem Herrn, denn er hat eine herrliche Tat getan«, so habt ihr gejubelt. Jetzt wart ihr wirklich frei, befreit von dem traurigen und schrecklichen Leben in Ägypten.

Von nun wurdest du Mirjam, die Prophetin, genannt. Alle Israeliten spürten: Du bist eine ganz besondere Frau. Du kannst die Menschen begeistern und mitreißen. Du kannst andere getrost und froh machen. Du hast allen gezeigt, dass sie Gott vertrauen können. So haben alle ausgelassen voller Freude und Dankbarkeit mit dir gesungen und getanzt. Für deinen unerschütterlichen Glauben an Gottes Begeisterungsfähigkeit danke ich dir sehr herzlich und grüße dich freundlich

> Bravo, endlich mal Frontfrau und nicht mehr Backstage und für mich der eigentliche »stille Star«!

Dein *Pfarrer Steffen Hunder*

Die Kommentare sind von:
Jutta Ziemek

Beruf:
Steuerberaterin

Ich mache hier mit, weil ...
ich endlich auch einmal etwas aktiver kommentieren wollte. Sonst sind es häufig nur die (z. B. Gesetzes-) Kommentare und Publikationen anderer, die ich zur Kenntnis nehmen und auswerten kann.

Brief an Mose, den Mann, der sein Volk befreite!

Lieber Mose!

Du gehörst für mich zweifellos zu den interessantesten, schillernsten und wichtigsten Männern im Alten Testament. Was hast du nicht alles im Laufe deines wechselvollen Lebens mit deinem Gott und seinem Volk erlebt. Aufgefallen ist mir, dass du zeitlebens beiden treu geblieben bist – deinem Gott und seinem Volk.

Dabei warst du bei den Ägyptern ein gemachter Mann, nachdem dich die Tochter des Pharaos in den Palast geholt hatte. Du bist in der ägyptischen Lebensweise, Kultur und Religion aufgewachsen. Trotzdem hast du dein von den Ägyptern unterdrücktes und ausgebeutetes Volk nicht vergessen. Sicher ist dies auch der Verdienst deiner Mutter gewesen, die dich als Amme großgezogen hat.

Blöde Sache! Zwischen zwei Stühlen sitzen!

Aber – und das hat mich erschreckt – in deinem Zorn und deiner Wut bist du oft unbeherrscht gewesen und dabei übers Ziel hinausgeschossen. Du hast den ägyptischen Aufseher, der einen deiner Landsleute gepeinigt hat, **in deiner Wut einfach erschlagen**.

Mose! Du Aggro!

Da bist du, lieber Mose, mit Entschiedenheit zu weit gegangen. Das ist dir auch klar gewesen! Deshalb bist du geflohen, um dich nicht für deine Tat verantworten zu müssen.

Aber Gott hat dir trotzdem nicht seine Treue und Zuwendung aufgekündigt! Vielmehr hat er sich dir in Midian, wohin du geflohen warst und wo du **deine Frau kennengelernt und geheiratet hast**, offenbart und dir den Auftrag gegeben, sein Volk aus der Knechtschaft in Ägypten zu befreien.

Glück gehabt!

DU GLÜCKSPILZ!

Welch ein Anfang! Ein Volk aus der Unterdrückung
zu befreien! Dies hat dir Angst gemacht, lieber Mose.
Du hast versucht, Gott davon zu überzeugen, dass du
eigentlich **nicht der geeignete Mann** für eine solch
große Aufgabe bist. Das kann ich gut verstehen! Gott
bürdete dir die Verantwortung für das Wohl und
Wehe eines ganzen Volkes auf. Damit fühltest du dich
einfach überfordert! Ich denke, jedem von uns würde
es so gehen, der vor solch eine Aufgabe gestellt wird.
Aber Gott hat dir seine Begleitung und Hilfe für
diese schwere Aufgabe zugesagt. Damit hat er
all deine Bedenken bezüglich deiner Befähigung
beiseitegeräumt. Das gab dir das nötige
Selbstvertrauen, um mutig und entschlossen dem
Pharao entgegenzutreten und die Freilassung des
unterdrückten Gottesvolkes zu fordern.
Und es gelang dir - wie die Geschichte der 10 Plagen
zeigt - mit Ausdauer und Beharrlichkeit, das dir von
Gott gesetzte Ziel zu erreichen. Du wurdest zum
Anführer der Befreiung seines geknechteten Volkes.
Du hast einfach **nicht lockergelassen!** Du hast dem
Pharao immer wieder und wieder zugesetzt, bis er
endlich dein Volk ziehen ließ.
Was war das für ein Jubel! Als die Israeliten endlich
frei waren und die Ägypter, die euch doch noch
verfolgt hatten, im Meer mit ihren Streitwagen unter
gegangen waren. Mit welchem Überschwang haben sie
Gott gepriesen! Welch eine große Befriedigung muss
diese Freude für dich, lieber Mose, gewesen sein.
Doch all dies hielt leider nicht lange vor! Schon
bei den ersten Problemen und Schwierigkeiten, die
auftauchten, haben sie dich und Gott verflucht.
Beschimpft haben sie dich dafür, dass du sie von den
Fleischtöpfen Ägyptens in die Wüste, wo Hunger und
Durst an der Tagesordnung waren, geführt hast. Hat

GESTRESST Kein Bock mehr!

Stark!

Krasser Typ!

Echt ausgeflippt!

Zickige Nervensägen!

MOSE! GIB GUMMI!

44

Mose rastet aus!

Ja, das ist nice!

Hoffnungsloser Fall!

Mose zeigt Stärke!

WARST DU DOWN?

dich da nicht manchmal die Wut gepackt? Bist du nicht mitunter sogar verzweifelt bei so viel Undankbarkeit und Kleinglauben?

Ja, dich hat die Wut gepackt! Am Berg Sinai, wo du gesehen hat, wie das Volk, während du Gottes Gebote für sie geholt hast, sich seinen eigenen Gott aus Gold und Silber hergestellt hat. Da hast du sie einfach zertrümmert – die Gebotstafeln Gottes! Ihren eingeschmolzenen Gott – das goldene Kalb hast du sie trinken lassen. Sie sollten am eigenen Leib erfahren, dass ein Gott, den wir uns selber machen, keinen Bestand hat. Obwohl du oft so zornig über deine undankbaren und kleingläubigen Landsleute gewesen bist, hast du die Größe besessen, Gott für dein Volk um Vergebung ihrer Schuld zu bitten. Du bist sogar so weit gegangen, stellvertretend für dein Volk ihre Schuld sühnen zu wollen, nur damit Gott noch einmal Gnade vor Recht ergehen lässt. Das finde ich sehr bewundernswert, denn es zeigt mir, wie ernst du die dir von Gott übertragene Verantwortung genommen hast.

Doch es gab auch Zeiten, in denen dich die Last der Verantwortung fast erdrückt hätte und du beinahe verzweifelt bist. Denn immer wieder bist du von deinen eigenen Leuten angegriffen und angefeindet worden, sobald der Hunger oder der Durst sie plagten oder sie von Feinden bedroht wurden. Aber nichtsdestotrotz bist du über deinen eigenen Schatten gesprungen! Du bist noch einmal auf den Berg Sinai gegangen, um dir erneut Gottes Gebote geben zu lassen.

Trotzdem duftest du das von Gott verheißne Land nicht selbst betreten. Muss das nicht sehr hart für dich gewesen sein? Nicht das Ziel eures langen mühe- und leidvollen Weges – das gelobte Land – erreichen zu dürfen. Wie bist du damit fertig geworden, dass ausgerechnet dir dies nicht vergönnt sein sollte?

Warst du nicht wütend oder verbittert darüber?
Es scheint - so bezeugt es jedenfalls die Bibel -, als ob
du dies als deine stellvertretende Sühne für die Schuld
des Volkes betrachtet hast. Wenn das so war, kann ich
nur sagen: alle Hochachtung, lieber Mose! Du hast
wahre Größe bewiesen, indem du alleine stellvertretend für dein oft halsstarriges, undankbares und klein-
gläubiges Volk diesen hohen Preis gezahlt hast. Du
bist, lieber Mose - das ist mir beim Schreiben dieses
Briefes ganz klar geworden -, ein sehr faszinierendes
und facettenreiches Mannsbild gewesen, von dem
wir heutigen Mannsbilder sicher noch einiges lernen
können. In der Hoffnung, dass wir dies auch tun,
grüße ich dich und alle Mannsbilder sehr herzlich

Dein *Pfarrer Steffen Hunder*

Nur Du hast dich geopfert!

Tschüss Diggah!

Die Kommentare sind von:
Konfirmandengruppe von Steffen Hunder, 2017
Mayline, Darleen , Max, Sven, Marc, Victoria,
Jana, Cecilia (v. l. n. r)

Wir machen hier mit, weil ...
wir unsere Meinung dazu sagen wollten.

Brief an Jakob, das Schlitzohr

Lieber Jakob,

solange du dich erinnern kannst, seid ihr beide - dein Bruder Esau und du - Rivalen gewesen!

Esau ist der Stolz eures Vaters Isaak! Esau ist groß gewachsen und kräftig; er kann richtig zupacken! Das imponiert eurem Vater ganz besonders!

Und pinkelt an jeden Baum in seinem »Revier«.

Du dagegen, Jakob, du bist der Liebling eurer Mutter Rebekka. Du bist wendig und klug, weißt immer die richtige Antwort zur rechten Zeit. »Muttersöhnchen«, so necken dich dein Vater und Bruder oft, wenn sie dich ärgern wollen. Du lachst nur darüber! Aber manchmal tun dir dieser Hohn und Spott auch weh! Es ärgert dich immer öfter, wenn du siehst, wie euer Vater Isaak deinen Bruder Esau bevorzugt!

Intelligenz ist natürlich das allerwichtigste, trotzdem wollen die meisten auch dicke Muskeln und große Eier.

Esau bekommt die ganze Aufmerksamkeit und Zuwendung eures Vaters! Später, so ist dir klar, wird Vater ihm alles geben, was er hat - sein Hab und Gut und Gottes Segen! Sein Leben lang ist Isaak von Gott begleitet, behütet und bewahrt worden. Und so wird es auch mit Esau sein! Er bekommt als Erstgeborener den Segen Gottes von Isaak zugesprochen.

Und ich - so geht es dir, lieber Jakob, vielleicht durch den Kopf - ich werde leer ausgehen!

Das ärgert dich!

Das wurmt dich!

Doch euer Vater ist blind, auch dafür.

Weibliche Verklärtheit gegen Machogehabe

Da fasst Rebekka, deine Unterstützerin, einen gewagten Plan und sagt zu dir: »Siehe, ich habe deinen Vater mit Esau, deinem Bruder, reden hören: Bringe mir ein Wildbret und mach mir ein Essen, dass ich

esse und dich segne vor dem Herrn, ehe ich sterbe.
So höre nun, mein Sohn, auf mich und tu, was ich
dich heiße. Geh hin zu der Herde und hole mir zwei
gute Böcklein, dass ich deinem Vater ein Essen davon
mache, wie er's gerne hat. Das sollst du deinem Vater
hineintragen, dass er esse, auf das er dich segne vor
seinem Tod.«

Der Plan gelingt. Du, Jakob, erschleichst dir den so
wichtigen Segen. Du gibst dich als Esau aus, täuschst
den Vater und betrügst deinen Bruder um den
Segenszuspruch. Als das herauskommt, gerät Esau in
Zorn. »Bald wird der Vater gestorben sein, dann will
ich meinen Bruder umbringen«, beschließt er!

Deine Mutter Rebekka hört die Worte ihres älteren
Sohnes Esau und rät dir zur Flucht:
»Siehe, dein Bruder Esau will sich rächen und dich
umbringen. Höre auf mich, mein Sohn! Mach dich
auf und flieh zu meinem Bruder Laban nach Haran
und bleib eine Weile bei ihm, bis sich der Zorn deines
Bruders gelegt hat!«

Du fliehst, Jakob! Den ersten Tag bist du nur gelaufen,
hast dich vor jedem versteckt, den du kommen sahst.
Inzwischen hat sich deine Angst etwas gelegt. Aber dir
begegnen nur Fremde; teilnahmslos blicken sie dich
an, wenn sie vorübergehen.

Eines Abends kommst du an einen einsamen Platz.
Geröll liegt herum. Hier schlägst du dein Nachtlager
auf. Sehr einsam bist du, Jakob, dort in der Nacht
zwischen den Steinen! Du denkst an die traurigen
Augen deiner Mutter, als du Abschied nahmst. Alles
wolltest du gewinnen. Nun hast du alles verspielt: Den
Vater hast du endgültig verloren; dein Bruder will sich
rächen, die Mutter kann dich nicht mehr schützen,
und Gott, von dem Isaak immer erzählt hat, hast du
wohl auch verloren.

> Schwacher Vater wird mit
> noch schwächerem Plan
> besiegt.

> DIE STUNDE
> DES MACHOS

Es ist zu spät, denkst du! Doch Gott denkt keineswegs
so! Für Gott ist noch längst nicht alles zu spät! Gott
macht mit dir, lieber Jakob, einen neuen Anfang:

Wenn die Sch ... richtig
hochkocht, haben wir ja
noch den »lieben Gott«.

Aber Jakob zog aus von Beerscheba und machte sich auf
den Weg nach Haran und kam an eine Stätte, da blieb er
über Nacht, denn die Sonne war untergegangen. Und er
nahm einen Stein von der Stätte und legte ihn zu seinen
Häupten und legte sich an der Stätte schlafen. Und ihm
träumte, und siehe, eine Leiter stand auf Erden, die
rührte mit der Spitze an den Himmel, und siehe, die Engel
Gottes stiegen daran auf und nieder.

Und der Herr stand oben darauf und sprach: »Ich bin
der Herr, der Gott deines Vaters Abraham, und Isaaks
Gott; das Land, darauf du liegst, will ich dir und deinen
Nachkommen geben. Und dein Geschlecht soll werden

Das wollten die braunen
Arier auch, aber die hatten
ja nicht Gottes Segen, darum
ging der schwache Plan
natürlich schief.

wie der Staub auf Erden, und du sollst ausgebreitet
werden gegen Westen und Osten, Norden und Süden,
und durch dich und deine Nachkommen sollen alle
Geschlechter auf Erden gesegnet werden.

Und siehe, ich bin mit dir und will dich behüten, wo du
hinziehst, und will dich wieder herbringen in dies Land.
Denn ich will dich nicht verlassen, bis ich alles tue, was
ich dir zugesagt habe.«

Als nun Jakob von seinem Schlaf aufwachte, sprach er:
»Fürwahr, der Herr ist an dieser Stätte, und ich wusste es
nicht!«

Und er fürchtete sich und sprach: »Wie heilig ist diese
Stätte! Hier ist nichts anderes als Gottes Haus, und hier
ist die Pforte des Himmels.«

Hier wird
die Geschichte
ja richtig schön.

Und Jakob stand früh am Morgen auf und nahm den
Stein, den er zu seinen Häupten gelegt hatte, und richtete
ihn auf zu einem Steinmal und goss Öl oben darauf und
nannte die Stätte Bethel!

1. Mose 28,10-19a

Du, Jakob, bist schuldig geworden am Vater und am
Bruder. Aber diese Schuld trennt dich nicht von Gott!
Mit keinem Wort spricht Gott dich auf deine Schuld
an. Gott legt dich, den Betrüger, nicht auf deine
Vergangenheit fest!
Nein, er eröffnet dir durch seine Zusage einen Weg
in die Zukunft. Auf diesem Weg wird auch noch
die Schuldfrage zu klären sein. Wichtig aber ist:
Gottes Handeln an dir, Jakob, setzt nicht mit der
Aufarbeitung deiner schuldhaften Vergangenheit ein,
sondern mit der Eröffnung der Zukunft durch die
bedingungslose Zusage:

»Ich bin mit dir und will dich behüten, wo du hinziehst,
und will dich wieder herbringen in dies Land. Denn ich
will dich nicht verlassen, bis ich alles tue, was ich dir
zugesagt habe.«

Außerdem wird der Segen, den du dir auf
betrügerische Weise erschlichen hast, nun
hochfeierlich von Gott selbst bestätigt:

»Ich bin der Herr, der Gott deines Vaters Abraham,
und Isaaks Gott; das Land, darauf du liegst, will ich dir
und deinen Nachkommen geben. Und dein Geschlecht
soll werden wie der Staub auf Erden, und du sollst
ausgebreitet werden gegen Westen und Osten, Norden
und Süden, und durch dich und deine Nachkommen
sollen alle Geschlechter auf Erden gesegnet werden.«

Ein Traum wird wahr.

Davor haben viele Angst.

Dir, Jakob, dem unwürdigen, verlorenen, zukunfts-
losen Menschen, wird - diesmal nicht durch deine
List, sondern durch Gottes spontane Begnadigung -,
der von den Vätern ererbte Segen zuteil. Ich hatte
einen Traum, so wirst du vielleicht später deinen

Kindern gegenüber deine Erzählung über das in Bethel Widerfahrene einleiten können:

»Und dieser Traum hat mich nie wieder losgelassen, sondern sein Inhalt hat mich mein ganzes Leben lang begleitet. Damals hat mich der Gott, der schon Abraham und Isaak begleitet und bewahrt hatte, aufgerichtet und mich gesegnet. All meinen Erfolg und all mein Gelingen führte ich von nun an auf diesen Gott zurück. Ich machte im Laufe meines Lebens die Erfahrung, dass das Versprechen Gottes in Bethel kein Wunschtraum von mir gewesen war. Ich musste mir aber auch eingestehen, dass mein Leben auch nach dem Traum weiterhin von Schuld und Versagen geprägt war. Wenn ich nur daran denke, wie ich meinen Schwiegervater durch eine List um einen großen Teil seiner Herde gebracht habe.«

Dein Leben, lieber Jakob, war alles andere als das eines mustergültigen Frommen. Und trotzdem hat dich Gott damals in Bethel gesegnet und hat seine Hand stets über dich gehalten. Und du hast dich seiner Führung anvertraut, obwohl du wusstest, dass du es eigentlich gar nicht verdient hättest, von Gott behütet zu werden. Oft hast du dich gefragt, warum Gott denn ausgerechnet dich mit seinem Segen bedacht hat und nicht deinen rechtschaffenden und lauteren Bruder Esau.

Die Antwort auf diese Frage, lieber Jakob, liegt weder in Esau noch in dir begründet, sondern sie ist allein von Gott her zu beantworten. Gottes Zuwendung zu uns Menschen hängt nicht davon ab, wie gut, wie rechtschaffen oder wie fromm wir sind, sondern Gottes Zuwendung gilt uns bedingungslos. Gottes Segen und Vergebung gilt vor allem und im

The American Dream wird geboren.

Gott sei Dank, dass wir nicht alles verstehen müssen! Und Gott sei Dank, dass wir so eine intelligente Religion/christlichen Glauben bekommen haben.

Besonderen denen, die sich in Schuld verstrickt haben.
Indem Gott uns unsere Schuld nicht anrechnet und
uns seine Versöhnung anbietet, eröffnet er uns den
Weg zur Versöhnung untereinander. Doch wie schwer
es ist und wie lange es oft dauern kann, bis wir dem
anderen die Hand zur Versöhnung reichen, hast du,
Jakob, selbst am eigenen Leib erfahren.

Ich will dich nur daran erinnern, wie schwer es dir
gefallen ist, als du endlich nach fast 20 Jahren wieder
in die Heimat zurückkehren konntest, deinen Bruder
Esau um Verzeihung zu bitten. Es hat dich schon
einiges an Überwindung gekostet, vor ihm auf die
Knie zu fallen und von ihm Vergebung zu erhoffen.
Doch die Erinnerung an deinen Traum in Bethel, an
Gottes Vergebung und Zuspruch, hat dir die Kraft
dazu gegeben, deinem Bruder Esau die Hand zur
Versöhnung zu reichen. So hast du es immer wieder
deinen Kindern erzählt.

Ganz unverhofft und nach unseren Maßstäben nicht
gerechtfertigt, hat Gott in Bethel dir, der betrogen
und gelogen hatte, trotzdem seinen Segen und seinen
Zuspruch gegeben. Damit hat Gott dir den Weg
eröffnet, auf dem du von Neuem dein Vertrauen auf
Gott setzen konntest. Gott hat dich nicht wegen deiner
Schuld angeklagt, sondern er hat dir Zukunft eröffnet,
indem er mit dir, dem in Schuld Verstrickten, seine
Heilsgeschichte fortsetzte und dich zum Stammvater
Israels machte.

Du, Jakob, wiederum hast dich auf die Zusage Gottes
- siehe, ich bin mit dir - eingelassen und ihr dein
ganzes Leben vertraut. Immer wieder hast du aus
deinem Traum in Bethel Kraft geschöpft, auch für
deinen Weg, der vor dir lag. Du bist das Wagnis des
Glaubens eingegangen und hast der Zusage Gottes
Vertrauen geschenkt. Du hast in Bethel die Erfahrung

Diplomatie war noch nie falsch.

Fester Glauben und
intelligentes Handeln =
alles gut - so wollen wir das
bzw. so will Gott das!

des gnädigen und barmherzigen Gottes gemacht.
Diese Erfahrung hat dich auch dazu befähigt, Esau um
Vergebung zu bitten.

Du, lieber Jakob, hast eine wunderbare Erfahrung
gemacht! Gott hat dich so angenommen, wie du
bist - mit all deinen Brüchen, Fehlern und deiner
Schuld! Nicht - um den Mantel des Schweigens über
dein Versagen zu legen! Nein - um dir eine neue
Perspektive für dein Leben zu geben! Das bedeutet
aber auch, dass du dich zu deiner Schuld bekannt hast
und deinem Bruder die Hand zur Versöhnung gereicht
hast!

Darauf liegt Segen in unserem Leben, Jakob! Nicht
Schuld zu leugnen und zu verdrängen, sondern sie
sich einzugestehen, zu ihr zu stehen und sie sich
vergeben zu lassen!

Für diese großartige Erfahrung danke ich dir von
Herzen und wünsche uns allen, dass auch wir solche
Erfahrungen machen dürfen.

Herzliche Grüße
Dein *Pfarrer Steffen Hunder*

Die Kommentare sind von:
  Rainer Alt

Beruf:
  Geschäftsführer

Ich mache hier mit, weil ...
  Gott allein reicht nicht.

Brief an Lea und Rahel,
zwei liebende Schwestern

Liebe Lea, liebe Rahel,

Liebe macht erfinderisch, so lautet bei uns ein
Sprichwort. Bei euch beiden würde ich sagen, Liebe
treibt seltsame Blüten. Beide habt ihr Jakob geliebt.
Doch im Kampf um seine Liebe sind euch fast alle
Mittel recht gewesen.

Du, liebe Lea, schenktest Jakob Kind auf Kind in der
sehnsüchtigen Hoffnung, er würde dich dadurch
mehr lieben als deine Schwester. Doch du wurdest
bitter enttäuscht! Die Gleichung, große Fruchtbarkeit
bringt große Liebe hervor, ging nicht auf. Du erfuhrst
schmerzhaft: Jakob liebt deine Schwester Rahel mehr
als dich, obwohl sie ihm noch keine Nachkommen
geschenkt hat. So blieb dir nur, deiner kleinen
Schwester immer und immer wieder unter die Nase zu
reiben, dass sie unfruchtbar ist.

Dich, liebe Rahel, hat diese Zurschaustellung von Leas
Fruchtbarkeit regelrecht zur Verzweiflung getrieben.
In deiner Not hast du Jakob deine Magd Bilha zur
Nebenfrau gegeben, damit er mit ihr die Kinder zeugt,
die dir bisher verwehrt wurden. So war es zu eurer
Zeit Sitte. Doch dein Kinderwunsch konnte dadurch
nicht wirklich gestillt werden. Zu sehr schmerzte dich
der Stachel der Schmach, den deine Schwester gesetzt
hatte. »Was nützt mir die Liebe Jakobs«, so hast du
dich oft voller Traurigkeit gefragt, »**wenn mein Schoß
verschlossen bleibt.**«

Dann passierte etwas Ungewöhnliches. Dein Neffe
Ruben fand während der Weizenernte Liebesäpfel auf
dem Feld und brachte sie zu Lea, seiner Mutter. Du,
liebe Rahel, wittertest deine große Chance. Denn diese

Wenn Männer sich nicht
entscheiden können –
immer das Gleiche!

Schwestern können
so grausam sein.

Was ist eine Frau schon
wert, wenn sie kein
Kind bekommen kann?

süßlich riechenden Liebesäpfel sollen nicht nur die
Libido anregen, sondern auch fruchtbar machen,
wenn man sie unter das Bett legt. Im Hohelied,
das sich in Liebesdingen auskennt, heißt es: »Die
Liebesäpfel geben ihren Duft; an unsrer Türe warten
alle köstlichen Früchte, frische und vom Vorjahr
welche; für dich, Geliebter, habe ich sie aufgehoben«
(Hohelied 7,14).

»Gib mir doch von den Liebesäpfeln deines Sohnes!«,
fordertest du deine Schwester auf. Doch du, liebe Lea,
warst alles andere als erfreut über dieses Ansinnen.
Erbost antwortetest du: »Reicht es dir nicht, mir
meinen Mann zu nehmen, dass du auch noch die
Liebesäpfel meines Sohnes haben willst?«
Die Liebesäpfel wurden bei euch; liebe Lea, liebe
Rahel, zu Zankäpfeln, um die erbittert gefeilscht
wurde.

Du, liebe Rahel, schlugst einen seltsamen Handel vor:
»Dafür soll er heute Nacht bei dir schlafen für die
Liebesäpfel deines Sohnes.« Was für ein merkwürdiger
Deal. Liebesäpfel gegen Liebesnacht. Wer verzweifelt
ist, dem ist jedes Mittel recht. Man kann ja so manches
zum Tausch anbieten - aber dein Angebot, liebe Rahel,
ist wirklich speziell: Biete Patriarchen für eine Nacht: -
Rent a Jacob -.

Und du, Lea, ließt dich auf den Deal ein. Die Liebesäpfel wechselten die Besitzerin und Jakob erwartete
eine Überraschung, als er am Abend vom Feld kam.
Du, Lea, gingst ihm entgegen und sagtest: »Zu mir
sollst du eingehen, denn gekauft habe ich dich,
gekauft mit den Liebesäpfeln meines Sohnes.« Für
dich, Lea, war es ein gutes Geschäft. Denn du wurdest
wieder schwanger und gebarst Jakob seinen fünften
Sohn und gabst ihm den Namen Issachar: Mann des
Lohnes.

Wenn der Neid aufeinander dem eigenen Glück im Wege steht ...

Was Jakob darüber denkt, ist völlig in den Hintergrund getreten, so fixiert sind sie auf die Andere.

Männer sind austauschbar - ein Kind bleibt!

Jakob - der Callboy ;-)

56

Gottes Mühlen mahlen
langsam, aber sie mahlen.

Leider Gottes bist du, liebe Rahel, bei eurem Liebes-
Tauschgeschäft leer ausgegangen. Trotz Liebesäpfeln
unterm Bett bist du nicht schwanger geworden.
Das war sicher bitter für dich. **Aber Gott hat deine
inständigen Gebete schließlich erhört** – zwei
Söhne hast du Jakob doch noch geschenkt: Josef und
Benjamin. Sie waren die Lieblinge ihres Vaters. Aber
das ist eine andere Geschichte.
Liebe Lea, liebe Rahel, seltsame Blüten hat eure Liebe
zu Jakob getragen. Als Rivalinnen habt ihr euch nichts
geschenkt! Und trotzdem hat Gott euch beide gesegnet
und zu Stammmüttern des Volkes Israel gemacht.
Das empfinde ich als ein wunderbares Zeichen der
Hoffnung und Ermutigung.

Ich grüße euch mit einem herzlichen Schalom
Euer *Pfarrer Steffen Hunder*

Puh, aber das war
ein schwieriger Weg dahin ...

שלום

Die Kommentare sind von:
   Lara und Nina Bachmann

Beruf:
   Fachwirtin im Sozial- und Gesundheitswesen (Lara),
   Kauffrau im Außenhandel (Nina)

Wir machen hier mit, weil ...
   Lara: wir Schwestern sind und Streitereien gut kennen
   und weil wir gerne unseren Pfarrer unterstützen, so wie
   er uns.
   Nina: wir immer dafür zu haben sind, alle Projekte und
   Ideen mitzumachen.

Brief an König David im Zwielicht

Lieber König David,

deine Heldentat, den Riesen Goliath besiegt zu haben, ist bis heute unvergessen! Bester Beleg dafür war der Weltmeisterschafts-Boxkampf im Jahr 2007 zwischen dem 2,13 m großen Riesen Walujew und seinem 1,86 m großen Herausforderer Tschagajew! Das Göttinger Tageblatt titelte in seinem Sportteil: Triumph des listigen Davids gegen Goliath. Die Journalisten druckten sogar den Bibeltext ab, der dein Husarenstück erzählt!

Das macht Mut!

Also, du siehst, lieber David, deine Großtat, einen übermächtigen Gegner mit List und Geschicklichkeit überwunden zu haben, ist untrennbar mit deinem Namen verbunden!

Als kleiner Hirtenjunge hast du dieses wahrhaft unglaubliche Kunststück vollbracht, einen hoch- gerüsteten und kampferprobten Soldaten wie Goliath zu besiegen. Damit begann dein unaufhaltsamer Aufstieg zum vielgeachteten und geehrten König von Israel! Du hast Geschichte geschrieben mit deinem grandiosen Überraschungssieg!

David wird selbst zum Riesen.

Glück gehabt, meistens bleibt der Fall der Großen haften.

Deshalb bist du auch bis heute im Gedächtnis der Menschen geblieben. Dein Sieg über Goliath gehört ohne Zweifel auf die helle und strahlende Seite deines Lebens! Doch wir alle wissen: Wo Licht ist, da ist auch Schatten. Und genau auf diese dunklen, zwielichtigen Seiten deines Lebens möchte ich in diesem Brief zu sprechen kommen.

Ich kenne nur die strahlende Seite – bin gespannt auf die dunklen Seiten Davids.

Bei uns gibt es ein Sprichwort, das heißt: »Wer die Macht hat, der hat das Recht!« Dahinter steht die bittere Erfahrung vieler, vieler Menschen, die erlebt haben und immer wieder erleben, wie Menschen, die

Macht haben, sie dazu missbrauchen, das Recht zu ihren Gunsten zu beugen! Dafür gibt es in unserem Land und vielen anderen Ländern der Welt unzählige Beispiele. Manche, die Macht ausüben, meinen sogar, sie stünden über dem Gesetz und dem Recht. Einer davon war sogar 16 Jahre Bundeskanzler der Bundesrepublik Deutschland. Er hat sich bis heute nicht dem Recht unterworfen, das er selbst gesetzt hat.

Das darf doch nicht sein, wirst du, David, protestieren, dass ein Regierungschef eines Landes die Gesetze, die er selbst gegeben hat, nicht einhält! Ich gebe dir vollkommen recht! Das darf nicht sein! Doch leider Gottes geschieht das!

> Warum lässt Gott das zu? Damals wie heute?

Und die Folge davon ist – die Menschen haben kein Vertrauen mehr in die, denen sie die Macht gegeben haben, um sie zum Wohle des Landes zu nutzen! Das nennt man bei uns GLAUBENSWÜRDIGKEITSKRISE! Diese tritt immer dann ein, wenn die, die Verantwortung für das Ganze tragen, nur ihren eigenen Vorteil im Blick haben.

> Interessante Wortschöpfung, vermittelt mir neuen Blick.

Doch wem, lieber David, erzähle ich das! Du bist doch selbst als der große und mächtige König von Israel in eine solche Glaubenswürdigkeitskrise verstrickt gewesen. Erinnerst du dich?

Es war mitten im Krieg gegen die Ammoniter. Dein Feldherr Joab lenkte das Heer in der Schlacht im Felde, während du im Palast in Jerusalem warst! Es war ein lauer Sommerabend. Du wolltest die wunderbare Luft und den Ausblick genießen. Deshalb bist du auf das Dach deines Palastes gegangen. Da fiel dein Blick auf eine wunderschöne Frau, die auf der Terrasse ihres Hauses badete. Diese Frau faszinierte, ja sie elektrisierte dich! Begehren stieg in dir auf! Die will

> Mir gefällt, dass der Frau keine Schuld gegeben wird, sie hätte das Verlangen provoziert.

ich haben, schoss es dir durch den Kopf. Du konntest an nichts anderes mehr denken als daran, diese traumhaft schöne Frau zu **besitzen**.

Sofort wolltest du von deinen Leuten wissen, wer sie ist. »Aber verehrter König«, sagte dein Diener, »das ist doch Bathseba, die Tochter Elians, die Frau Urias, des Hethiters.« »Das ist gut!«, rauntest du deinem Diener zu. »Geh zu Bathseba und sage ihr, ihr König verlangt nach ihr – nein sage ihr – ich verzehre mich nach ihr!« »Aber großer König«, gab dein Diener zu Bedenken, »Bathseba ist verheiratet, sie ist die Frau eures Offiziers Uria, der gerade für euch kämpft!«

Doch du, lieber David, warst nicht mehr zu bremsen! »Komm mir bloß nicht mit solchen moralischen Bedenken um die Ecke!«, schnauztest du deinen Diener an! »Ich bin der König und wenn ich etwas will, dann wird das gemacht, basta!! Hol endlich die Frau, anstatt mich hier über Recht und Moral zu belehren!« Wohl oder Übel musste dein Diener zu Bathsebas Haus gehen und ihr **deine Begehren** mitteilen.

Sie hat sich dem **nicht widersetzt**. Wie konnte sie auch! Du warst der **mächtige König** und sie die begehrenswerte Frau deines Soldaten Uria! Ihr beide habt natürlich nicht nur geplaudert und Händchen gehalten. Nein, ein Mann ist ein Mann, ein König allzumal. Du wolltest diese Frau mit Haut und Haaren, ohne Rücksicht auf Verluste.

Und so geschah, was kommen musste. Während Bathsebas Mann Uria im Krieg war, hast du seine Frau geschwängert! Jetzt wurde es selbst dir, dem mächtigen König, **zu heiß**! Das sollte und durfte nicht an das Licht der Öffentlichkeit kommen.

KÖNIG DAVID SCHWÄNGERT FRAU SEINES OFFIZIERS URIA, DER IM FELD KÄMPFT!

Dein Ruf stand auf dem Spiel! Nun war guter Rat teuer!

Was tun, um diese hochnotpeinliche Angelegenheit zu **vertuschen**?

Da kam dir die geniale Idee! Uria darf ausnahmsweise auf Heimat-Urlaub im Haus von Bathseba übernachten. Es war nämlich den Soldaten nicht erlaubt, während des Front-Urlaubes die Tage bei ihren Frauen zu verbringen, sondern sie mussten gemeinsam in einem Heerlager bleiben. Wahrscheinlich wollte man verhindern, dass die Soldaten ihren Kampfgeist und ihre Moral einbüßten, wenn sie erst wieder mit Frauen und Kindern zusammen sind.

Verantwortung übernehmen war wohl nicht Davids Stärke.

Doch, lieber David, deine Rechnung ging nicht auf! Uria war ein pflichtbewusster und verantwortungsvoller Offizier. **Er wusste**, was für eine verheerende Auswirkung es auf die Moral seiner Soldaten haben würde, wenn er zu seiner Frau nach Hause gehen würde, während alle anderen dies nicht durften. Deshalb sagte er dir:

Uria denkt voraus!

»Die Lade und Israel und Juda wohnen in Zelten, und Joab, mein Herr, und meines Herrn Kriegsknechte liegen auf freiem Felde und ich sollte in mein Haus gehen, um zu essen und zu trinken und mit meiner Frau zu schlafen? So wahr der Herr lebt und bei deinem Leben: So etwas tue ich nicht! Das verstößt gegen meine Ehre als Offizier. Das kann und will ich meinen Soldaten nicht zumuten!«

Du hast Uria zu dir in deinen Palast eingeladen, nicht um ihm damit die Ehre zu erweisen, sondern um ihn betrunken zu machen. Du hast bestimmt darauf gehofft, Uria gefügig machen zu können, um doch zu seiner Frau Bathseba zu gehen.

Doch Uria hat dir diesen Gefallen nicht getan! Am Abend ging dieser aufrechte Mann wieder zurück zu seinen Soldaten, also dorthin, wo er seiner Meinung

Vorbildfunktion.
Leben in Wahrhaftigkeit geht doch auch.
Warum bekommt Uria nicht ein größeres Kapitel in der Bibel?

nach hingehörte! Auf diese Weise vereitelte Uria deinen Plan, lieber David, die unrechtmäßige Schwangerschaft Bathsebas vertuschen und Uria unterschieben zu können.

Gott sei es geklagt, lieber David, mit diesem Misserfolg hast du es nicht bewenden lassen. Es reichte noch nicht, dass du mit deinem Verhältnis zu Bathseba gegen das Ehebruchsgebot verstoßen hast, nein, um dies zu vertuschen, musstest du **noch eins draufsetzen**! Du schriebst an deinen Feldherrn Jaob: »Setzt Uria an der Front ein, wo der Kampf am stärksten ist. Dann sollt ihr euch hinter ihm zurückziehen, so dass er getroffen wird und stirbt!« Das ist starker Tobak, lieber David! Du beauftragst deinen Feldherrn, deinen Nebenbuhler in den Tod zu schicken!

Das ist wie ein **Auftragsmord**, den du damit veranlasst! »Du sollst nicht töten«, so lautet das 5. Gebot. Das heißt klar und deutlich: Du sollst niemanden umbringen oder umbringen lassen! Du, lieber David, hast Uria umbringen lassen! Darüber gibt es keinen Zweifel! Du hast **die größte Schuld** auf dich geladen, die uns Menschen möglich ist, nämlich einem anderen Menschen **das Leben zu nehmen**!

Du wolltest die Schuld deines Ehebruchs vertuschen, deshalb hast du noch viel größere Schuld auf dich geladen.

EINE BÖSE TAT ZIEHT DIE NÄCHSTE BÖSE TAT NACH SICH! Diese bittere Wahrheit bestätigst du durch deine zynische Handlungsweise! Leider Gottes verlieren die meisten Mächtigen die Fähigkeit, die dunkle Seite der Macht in ihre Schranken zu weisen. Oft bekommt die dunkle Seite der Macht eine solch beherrschende Dimension, dass der, der die Macht hat,

Schlimmer geht immer!

Was hat David, dass selbst der Feldherr sich dem Befehl nicht widersetzt?

Stimmt!

Warum ist David überhaupt noch ein Vorbild?

Welches von Gott geschenkt wurde!

meint, er stünde über allem, was Recht und Gesetz, Menschlichkeit und Moral bedeuten.

Auch du, lieber David, bist dieser Gefahr erlegen. Das beweist die Geschichte vom Ehebruch mit Bathseba und dem Mord-Auftrag für Uria zweifelsfrei! Du warst so stark von der dunklen Seite der Macht durchdrungen, dass dir jegliches Unrechtsbewusstsein fehlte!

Mit menschenverachtendem Zynismus reagiertest du auf die Meldung vom Tod Urias und sagtest zum Boten des Feldherrn Joab: »So sollst du zu Joab sprechen: Nimm diese Angelegenheit nicht zu schwer, denn das Schwert frisst mal so und mal so!« Das war blanker Hohn, David, und menschenverachtend! Du hattest jegliches Maß für Recht und Moral verloren!

Verharmlosung von Unrecht

Ganz cool und gelassen ließest du deine Geliebte Bathseba um ihren Mann trauern und nahmst sie danach zu dir in dein Haus und sie gebar dir einen Sohn.

»Aber«, wie heißt es in der Bibel, »Gott missfiel es sehr, was du getan hast!« Und er - Gott - ließ es nicht beim Missfallen bewenden, sondern er schickte dir Nathan, seinen Propheten. Und Nathan erzählte dir die Geschichte von zwei Männern - einem Reichen und einem Armen -, dem der reiche Mann sein einziges Lamm stahl, um damit seinen Gästen eine Mahlzeit zuzubereiten.

Diese Geschichte brachte dich richtig in Rage! »Bei Gott«, riefst du aus, »der Mann, der das getan hat, verdient den Tod, und das Lamm soll er vierfach ersetzen, weil er so gehandelt und es ihm nicht leid getan hat!« Du warst gar nicht zu beruhigen. Diese himmelschreiende Ungerechtigkeit hatte dich total in Erregung gebracht. »Zeig mir den Kerl«, hättest du am liebsten geschrien! Doch bevor du das aussprechen

»Warum siehst du den Splitter im Auge des Anderen, aber deine eigenen Balken erkennst du nicht?«

Nero hätte den Nathan
verbrennen lassen!

konntest, sagte Nathan ruhig und gelassen: »Du bist
der Mann!«

So spricht der Gott Israels: »Ich habe dich zum König
gesalbt über Israel und habe dich errettet aus der Hand
Sauls.
Und habe dir deines Herrn Haus gegeben, dazu seine
Frauen in deinen Schoß, und habe dir das Haus Israel
und Juda gegeben; und ist das zu wenig, will ich noch
dies und das dazutun. Warum hast du denn das Wort
des Herrn verachtet, dass du getan hast, was ihm
missfiel?
Uria, den Hetiter, hast du erschlagen mit dem Schwert,
seine Frau hast du dir zur Frau genommen, ihn aber hast
du umgebracht durch das Schwert der Ammoniter. Nun,
so soll von deinem Hause das Schwert nimmermehr

Rache-Gott?

lassen, weil du mich verachtet und die Frau Urias, des
Hetiters, genommen hast, dass sie deine Frau sei.
So spricht der Herr: Siehe, ich will Unheil über dich
kommen lassen aus deinem eigenen Hause und will
deine Frauen nehmen vor deinen Augen und will sie
deinem Nächsten geben, dass er bei deinen Frauen
schlafen soll an der lichten Sonne. Denn du hast's
heimlich getan, ich aber will dies tun vor ganz Israel und
im Licht der Sonne.«

Gut zu wissen, dass ein
ehrlich, tief empfundenes
Bekenntnis der Schuld uns
die Gnade Gottes schenkt!

Das hat gesessen, lieber König David! Diese Worte
Nathans müssten dir durch Mark und Bein gegangen
sein! Plötzlich wurde dir bewusst, welch große Schuld
du auf dich geladen hast. »Ich bekenne mich schuldig
vor Gott«, hast du gestammelt! Und Gott hat dein
Eingeständnis der Schuld angenommen und bei dir
Gnade vor Recht ergehen lassen. Nathan erwiderte dir:
»Auch wenn Gott bei deiner Schuld **Gnade vor Recht
ergehen** lässt und du nicht sterben musst,

muss der Sohn, den dir Bathseba geboren hat,
sterben, weil du mit deiner Tat Gott verhöhnt hast!«
Nathan, der Prophet, ging danach nach Hause. Seine
Mission war erfüllt! Er hatte dir, David, den Spiegel
deiner Schuld vorgehalten, damit du erkennst, was du
falsch gemacht hast! Jetzt folgte das bittere Ende für
dich und deine Frau Bathseba! Euer Kind wurde krank
und **starb schließlich**! All eure Gebete halfen nichts –
die böse Tat hatte ihre unabwendbare Folge! Gott lässt
sich nicht spotten und verhöhnen – auch nicht von den
Reichen und Mächtigen dieser Welt –, sondern Gott ist
und bleibt der Herr der Geschichte!

Diese Erfahrung hast du, lieber David, immer wieder
in deinem Leben gemacht! Schuld lässt sich nicht dauerhaft vertuschen oder leugnen! Nur wenn ich mich
zu meiner Schuld bekenne, bekomme ich die Chance
zu einem Neubeginn. Auch das ist eine zentrale Erfahrung des Lebens, lieber David!
Nachdem euer Sohn gestorben war und du dies schweren Herzens als eine Art Wiedergutmachung für deine
große Schuld akzeptiert hattest, bekamt ihr euren
zweiten Sohn – Salomo! Von ihm heißt es in der Bibel:
Gott liebte ihn! Und Nathan, der Prophet Gottes, gab
deinem Sohn den Namen Jedidja, der Liebling Gottes,
weil Gott es so wollte!«
Mit der Geburt deines Sohnes Salomo hat Gott sein
Licht wieder in dein Leben geschickt, lieber König
David, damit du nicht im Zwielicht bleibst! Du weißt
es, lieber David, und wir wissen es auch, niemand von
uns ist frei von Schuld und Versagen, wir haben alle
unsere dunklen Schattenseiten. Aber Gott sei Dank
haben wir einen Gott, der uns so annimmt, wie wir
sind! Ihm können wir uns anvertrauen und gewiss
sein, er wird uns nicht fallen lassen.

Warum straft Gott das unschuldige Kind mit dem Tod und dem Verursacher lässt er Gnade vor Recht ergehen? Schwer zu verstehen!

Der arme Kleine!

ZACK! VERGEBUNG! Irgendwie ungerecht.

Wie singst du, lieber David, so wunderbar im
Psalm 103:

»Lobe den Herrn meine Seele, und was in mir ist seinem
heiligen Namen! Lobe den Herrn, meine Seele, und
vergiss nicht, was er dir Gutes getan hat, der dir all das
vergibt, was du an Schuld auf dich geladen hast und all
deine Krankheit heilt. Der dich mit Güte und Erbarmen
überschüttet!«

Ja, David, solch einen Gott brauchen wir alle!
Einen, der uns mit Güte und Erbarmen überschüttet.

Ach ja, bei der blutigen
Geschichte hätte ich fast
meine eigenen dunklen
Seiten vergessen.

Herzliche Grüße
Dein *Pfarrer Steffen Hunder*

Die Kommentare sind von:
Sabine Orzol und Matthias Helms [mit Sprechblasen]

Beruf:
Bankkauffrau, ehrenamtliche Krankenhaus-Seelsorgerin
Produktmanager, Vorsitzender Presbyterium

Wir machen hier mit, weil ...
die Auseinandersetzung mit Glaube / Bibel ein
Bestandteil unserer Beziehung ist.

Brief an Naamann, den stolzen Feldherrn, der über seinen Schatten sprang

Nomen est Omen? Aramäisch Freundlichkeit.

Lieber Naamann,

Du warst ein bedeutender, sehr angesehener Feldherr der Aramäer. Heute wärst du ein Syrer. Du hast auch Israel in Kriegen besiegt. Du warst stark, erfolgreich und besaßt alles, was eine angesehene Persönlichkeit haben muss: **einen kleinen Palast, eine Frau, viele Dienstleute**, die damit befasst waren, sich um dein Wohl zu kümmern. Dir fehlte es an nichts. Nur eines war nicht perfekt in deinem Leben. Du warst krank; **vom Aussatz befallen.**

Mein Haus! Meine Frau! Mein Personal!

Oh! Und meine Krankheit!

Heute nennen wir die Krankheit Lepra. Dein Körper war übel gezeichnet. Du wusstest, über kurz oder lang würde dich diese Krankheit aus der Mitte der Gesellschaft in die Isolation bringen. Das machte dir furchtbare Angst. Nichts und niemand schienen dir helfen zu können. Alle in deiner Umgebung spürten, wie sehr du unter **dieser schrecklichen Krankheit leidest.**

Das juckt unheimlich!

Selbst die hebräische Dienstmagd deiner Frau litt mit dir. Sie sagte zu deiner Frau: »Ach wäre mein Herr bei dem Propheten in Samaria, der könnte ihn von seinem Aussatz befreien.« Obwohl du sie als Kriegsbeute in dein Land verschleppt hattest, **freute sie sich nicht** darüber, dass du leidest. Im Gegenteil. Sie sah in dir einfach einen Menschen, der Hilfe braucht. Ihr Glaube an den Gott, der sich besonders den Leidenden zuwendet, gab ihr die Kraft, über ihren eigenen Schatten zu springen.

Deine Frau hat sie wohl gut behandelt

Wie ein Ertrinkender, der sich an einen Strohhalm klammert, nahmst du die Idee deiner Sklavin auf. Du holtest dir von deinem König eine Reiseerlaubnis und ein Empfehlungsschreiben an den König von Israel. An die höchste Stelle wolltest du dich wenden und dort Eindruck machen. Deshalb nahmst du **zehn Zentner Silber, sechstausend Goldgulden und zehn feine Festroben mit.**

War doch nur ein wenig Kleidung zum Wechseln?

Imponieren wolltest du. Zeigen, was du hast. Du glaubtest fest an die Macht des Geldes. Denn nicht nur heute, auch damals galt die allgemeine Devise: Wer zahlen kann, dem wird geholfen. Jeder sollte wissen, wen er hier vor sich hatte. Nicht einen einfachen Bittsteller, sondern einen Mann höchsten Ranges. Der Brief, den du bei dir trugst, sollte dies unterstreichen. Er machte deine Reise zur Staatsaktion. Doch dein Brief rief eine ganz andere Reaktion als erwartet hervor. Die Aufforderung, dich vom Aussatz zu befreien, wurde für dich nicht wie erhofft zum Türöffner, sondern löste beim König von Israel Bestürzung aus. Er ging in sich und fragte sich: »**Wer bin ich**, dass ich töten und lebendig machen könnte? Was hat es zu bedeuten, dass man mit solchem Ansinnen an mich herantritt? Das muss eine Provokation sein. Die Aramäer suchen **Streit**.«

»Bin ich Gott?«

oder etwa einen Vorwand, um wieder Krieg anzuzetteln?

Weder du noch dein König konnten wissen, dass der Prophet, den du suchtest, nicht wie bei euch üblich der verlängerte Arm des Königs von Israel war. Elisa, der Prophet, an den die junge Sklavin gedacht hatte, war in keiner Weise in die Hierarchie des Königs eingebunden. Ganz im Gegenteil: Oft genug dürfte er mit seinen Ansagen dem König unbequem und gefährlich geworden sein. Deshalb kam der israelitische König auch gar nicht auf die Idee, sich an diesen Propheten zu wenden. Stattdessen **zerriss er** seine Kleider und wollte sich und sein Land schon auf den Krieg vorbereiten. Doch Gott sei Dank schien es

Nein, er war kein Vorfahre von Robert Harting ...

... sondern völlig verzweifelt!

sich für dich, Naamann, zum Guten zu wenden. Elisa hörte von dieser unglückseligen Entwicklung deines Besuches und ließ dem König mitteilen: Nur keine Aufregung, schick ihn doch zu mir.

Sofort machtest du dich voller Hoffnung mit deinem gesamten Gefolge auf den Weg zu Elisas Haus. Aber es kam alles ganz anders, als du es erwartet hast. Elisa erschien nicht einmal, um dich zu begrüßen. Stattdessen sandte er nur einen Boten hinaus und ließ dir sagen: »Wasche dich siebenmal im Jordan, dann wird dein Fleisch wieder heil und du wirst rein werden.«

Hattest wohl die große Heilungsshow erwartet!

Das war zu viel für dich, Naamann. So hattest du dir das nicht vorgestellt. Wütend schimpftest du: »So eine Unverschämtheit. Noch nicht einmal empfangen hat er mich. Schließlich bin ich nicht irgendwer. Ich will ja auch gar nichts umsonst haben. Er hätte mich doch wenigstens einmal ansehen und mit mir sprechen können. Baden kann ich auch zuhause in unseren Flüssen. Nein, so hat mich noch niemand behandelt.« Zornig und enttäuscht wolltest du die Heimreise antreten. Dein Bemühen um Heilung schien gescheitert. Jetzt wolltest du hier nicht noch deine Ehre verlieren. So einfach konnte es gar nicht sein mit der Heilung. Bevor du dich lächerlich machst vor dem besiegten Volk, wolltest du lieber abreisen.

Doch nun ergriffen deine Diener das Wort. **Still ergeben** waren sie bis jetzt deinen gesamten Weg mitgegangen. Aber jetzt traten sie vor dich hin.

Woher weißt du das?

Sie wollten nicht glauben, dass all die Mühen und Strapazen umsonst gewesen sein sollten. Nach dem Motto: Außer Spesen nichts gewesen! **Mutig** gaben

Warum? Naamann war doch ganz o.k.

sie dir zu bedenken: »Herr, wenn er dir etwas Großes abverlangt hätte, dann würdest du ihm glauben. Aber dem Einfachen traust du nicht. Wag es doch!«

Gott sei es gelobt, **sie konnten dich überzeugen** und du bist über deinen Schatten gesprungen. Du stiegst hinab in den Jordan und **tauchtest siebenmal ein.** Du und deine Leute, ihr erlebtet staunend, dass das Wunder geschah: Deine Wundgeschwüre verschwanden. Dein ganzer Körper war plötzlich frei vom Aussatz. **Reine neue Haut wurde dir geschenkt.** Du warst geheilt und fühltest dich wie neugeboren. Dein **erster Weg führte dich zu Elisa.** Jetzt wusstest du, wem du deine Heilung zu verdanken hast. Voller Freude und Dankbarkeit riefst du aus: »Siehe, nun weiß ich, dass kein Gott ist in allen Landen außer in Israel.« Tief in deinem Herzen spürtest du, nicht Elisa verdankst du dein neues Leben, sondern dem Gott Israels. Diesem Gott wolltest du von nun angehören und dein Leben in seinem Sinne führen. Trotzdem wolltest du dich auch bei Elisa, dem Propheten, erkenntlich zeigen.

Großzügig wolltest du ihm kostbare Geschenke überreichen. Aber Elisa nahm die materiellen Güter deiner Dankbarkeit nicht an. Für Elisa, den Propheten, stand fest, das, was dir, lieber Naamann, widerfahren war, war ein **unbezahlbares Geschenk** Gottes. Deshalb lehnte Elisa strikt jegliche Bezahlung ab. Ich kann gut verstehen, dass du, Naamann, nichts schuldig bleiben wolltest. Bisher funktionierte dein Leben nach dem Prinzip: Leistung und Gegenleistung. Das übertrugst du natürlich auch auf die Beziehung zu Gott. Du wolltest nichts schuldig bleiben. Nein! Das wäre unter deiner Würde! Gottes »Leistung«, dich geheilt zu haben, musste mit einer Gegenleistung erwidert werden.

Mit Geld und wertvollen Dingen lässt sich alles regeln. Davon bist du zutiefst überzeugt. Diese Erfahrung hast du bisher in deinem Leben gemacht. Aber

Nicht beratungsresistent!

Gott schuf die Welt in sieben Tagen.

Hebräisch: »kehrte zurück«, wie Naamann zu Elisa.

Man muss auch Geschenke annehmen können.

Auch nicht
als »Spende!«

GEHEILT!

Elisa blieb standhaft, er **lehnte kategorisch deine »Gegenleistung«** ab.

Das muss ein harter Schlag für dich gewesen sein. Ich kann mir gut vorstellen, was für Gedanken dir durch den Kopf gegangen sind: »Wie kommt dieser kleine Prophet eigentlich dazu, mich so zu beschämen. Mich den großen und angesehenen Feldherrn. **Wie steh ich jetzt da?!** Mit leeren Händen wie ein kleiner unbedeutender Bittsteller! Was sollen die Leute zu Hause von mir halten, wenn sie sehen, ich bin geheilt, aber ich habe mich nicht dafür erkenntlich gezeigt«.

Lieber großer Feldherr Naamann, all diese Gedanken mögen dich umgetrieben haben, als du mit leeren Händen vor Elisa, dem Prophet, standest. Aber genau diese überwältigende Erfahrung, sich mit offenen Händen von Gott beschenken zu lassen, war die Lektion, die du zu lernen hattest.

Gott beschenkte dich mit deinem neuen Leben völlig unverdient und nicht verrechenbar, damit du dein Leben als Beschenkter voller Dankbarkeit neu gestaltest. Damit durchbrach Gott die Regeln und Gesetzmäßigkeiten, nach denen dein bisheriges Leben funktionierte.

Das anzunehmen und zu akzeptieren fiel dir sehr schwer. Du hättest dich lieber mit ein paar großzügigen Gaben freigekauft. Doch Gott, lieber Naamann, geht mit uns nicht um wie ein Buchhalter, sondern wie ein liebender Vater und eine treusorgende Mutter. Beide schenken ihren Kindern ihre Liebe und Zuwendung, ohne danach zu fragen, ob sie es ihnen denn in irgendeiner Weise vergelten werden.

Ganz ohne
Stromkosten!

»Gott ist wie ein Backofen voller Liebe, an dem wir **uns wärmen können**«, hat Martin Luther, unser Reformator, einmal gesagt. Und Gottes Liebe können und brauchen wir uns nicht erkaufen, sie wird uns einfach geschenkt. Leider tun auch wir uns oft schwer damit, dies wirklich anzunehmen und auch danach zu leben.

Insofern ist das, was du, lieber Naamann, erfahren hast, den meisten von uns sehr vertraut. Die wahre Kunst im Leben ist es, sich beschenken zu lassen, ohne gleich an die Gegenleistung zu denken. Auch wir, lieber Naamann, reagieren auf eine erwiesene Gefälligkeit oft so wie du und sagen: »Das mach ich Ihnen wieder gut.« Wie du fühlen wir uns oft genötigt, lieber etwas Geld zu geben, statt einfach mal etwas anzunehmen und sich dafür von Herzen zu bedanken. Wenn es erst üblich wird, immer das kleine Extrageld zu geben oder zu erwarten, ist die Kultur des Füreinanders zerstört. Und noch gefährlicher wird es, wenn Spenden und gute Werke als Beweis für eine gute Beziehung zu Gott herhalten sollen.

Nein, von Gott lässt sich nichts erkaufen. Elisas Eindeutigkeit kann uns, lieber Naamann, ein gutes und hilfreiches Beispiel sein. Das, was zählt für Gott, sind weder unser Geld noch unsere guten Werke, sondern einzig unser Vertrauen, unsere Treue und unsere Dankbarkeit.

Du, lieber Naamann, hast das scheinbar begriffen. Denn du fingst an, Regelungen zu treffen, wie du deinen neuen Glauben im Alltag in der alten Heimat leben könntest. Um zweierlei hast du Elisa noch gebeten. Erstens: Man möge dir zwei Maultierladungen Erde mitgeben. Ich denke, damit wolltest du deinem neuen Glauben festen Boden unter die Füße geben. Als eine Art Humus, auf dem dein neues Leben im Glauben an den Gott Israels wachsen blühen und gedeihen kann, sollte diese Erde dienen. Zweitens batest du schon **im Vorfeld um Vergebung**, wenn du in deinem Dienst beim König mit in den Tempel

Sehr vorausschauend, aber auch ehrlich!

anderer Götter gehst, dass dir dies nicht als Untreue angerechnet werde. Elisa wusste, wie schwer es für dich sein würde, in deiner Heimat den Glauben an den Gott Israels zu bewahren. Deshalb verzichtete er auch darauf, dir irgendwelche konkreten Handlungsanweisungen mit auf den Weg zu geben. Stattdessen überließ er dir die Verantwortung für dein neues Leben. Elisa vertraute darauf, dass Gott dich auf deinem Weg begleiten, behüten und bewahren wird. **Du gingst** als reich Beschenkter zurück in deine Heimat, lieber Naamann. Du versprachst, im Dienst dieses Gottes zu bleiben, wohl wissend, dass es nicht immer leicht sein würde, diesen Glauben zu leben. Aber, lieber Naamann, in deinem Herzen wusstest du, das Geschenk der Liebe Gottes ist das Wertvollste, was du mitbringst und was dir nicht mehr genommen werden kann. Darum segnete Elisa dich zum Abschied mit den befreienden Worten: »**Zieh hin mit Frieden.**«

»Lebe wohl!«

> Wohl eher fuhrst oder rittest!

> »Shalom« umfasst das ganze Wohl des Menschen.

Lieber Naamann, deine Lebens- und Glaubensgeschichte ist sehr beeindruckend. Denn du musstest das, was du als deine Stärke ansahst - deinen Reichtum, deinen Einfluss und dein Ansehen -, erst ganz los lassen und dich mit geöffneten Händen deiner Schwäche stellen, damit du das Geschenk der liebenden Zuwendung Gottes annehmen konntest. Dafür waren deine Umwege wohl nötig.
Manchem von uns mag es im Rückblick auf die eigene Lebensgeschichte vielleicht ähnlich ergangen sein. Auch in unseren Lebensgeschichten waren **sicher oft genug Umwege nötig**, bevor wir bereit wurden, den Sprung ins Vertrauen zu wagen. Hoffentlich hatten auch wir dann Menschen wie Elisa und die Sklavin an unserer Seite, die uns begleitet und uns eindeutig die Liebe Gottes zugesagt haben.

> Manche, die uns negativ schienen, erwiesen sich als wohltuend.

Nicht nur dein neu gewonnener Glaube, lieber
Naamann, sondern auch unser eigener Glaube erweist
sich immer wieder daran, ob die Hoffnung, von der
wir selbst leben, auch durch uns für andere erkennbar
wird. Deine Lebens- und Glaubensgeschichte, lieber
Naamann, kann uns dazu ermutigen, dass wir selbst
bereit sind, für andere Menschen zu glaubwürdigen
Zeugen für das Geschenk der Liebe Gottes auf ihrem
Weg zu werden.

Dazu möge Gott uns Augen schenken, die unsere
Mitmenschen liebevoll anschauen; Gott möge
uns Hände schenken, die sich denen barmherzig
zuwenden, die uns brauchen; Gott möge uns ein Herz
schenken, das sich voller Vertrauen den Menschen
öffnet, die uns begegnen* und Gott möge uns eine
Stimme schenken, die liebevolle und ermutigende
Worte für die findet, die darauf warten.

* und die Bereitschaft,
von der eigenen Meinung
im Gespräch mit anderen
abrücken zu können.

Herzliche Grüße
Dein *Pfarrer Steffen Hunder*

und leb wohl!

Die Kommentare sind von:
Thomas Nawrocik

Beruf:
Pfarrer

Ich mache hier mit, weil ...
ich als Steffens Kollege öfter meinen Senf dazu gebe,
wenn er etwas äußert. Und das Schöne ist, er kann das ab!

Brief an Petrus, den Mann, der in keine Schablone passt

Lieber Petrus,

> Oder gerade doch? Nur stark und tough ist doch gut.

du bist ein Mann, der in keine Schablone passt! Du bist unberechenbar, aufbrausend und impulsiv! Du zeigst offen deine Zuneigung, schlägst zu, als du deinen Freund Jesus in Gefahr weißt und lässt ihn wenig später schmählich im Stich. Du bist engagiert bis zum Letzten und kannst weinen wie ein Kind. Du bist ein Drängler und ein Zweifler, ein Draufgänger und ein Angsthase! Du bist ein Mann mit Brüchen, Ecken und Kanten. Kein Softie, kein Schwärmer, kein Illusionist. Ein ganzer Mann, mit allem, was zu einem Mann gehört an menschlichen Regungen.

Wir lernen dich in der Bibel als einen Mann kennen, der sein Handwerk als Fischer versteht. Dir kann man nichts vormachen. Und dennoch lässt du dich auf die Empfehlung eines absoluten Laien ein, gegen allen Sachverstand am hellen Tage auf Fischfang zu gehen. Vielleicht wolltest du auch nur eine Chance nutzen, nachdem ihr euch die ganze Nacht über erfolglos bemüht hattet, etwas zu fangen und damit doch etwas zu verdienen.
Der Erfolg ist überwältigend im wahrsten Sinne des Wortes. Du wirfst dich vor dem Fremden in den Staub.

> Vom Fischer zum Jesusjünger – kein Spaziergang

»Geh weg«, sagst du, »ich bin deiner nicht würdig. Ich gehöre zu der Sorte Mensch, mit denen Leute deiner Art nichts zu tun haben.«
Wir kennen den Ausgang der Geschichte. Du gibst alles auf, was dir bis dahin wichtig war: die berufliche Existenz, auch wenn sie noch so kümmerlich war, die Frau, die Kontakte zu Verwandten und Freunden, das

schützende Heim – und schließt dich dem Fremden
an, einer ungewissen Zukunft entgegen.

Bist du ein Abenteurer,
ein Flüchtender,
der größte Fan?

So groß ist dein Vertrauen in den neuen Freund,
dass du dich wenig später auf ein halsbrecherisches
Unternehmen einlässt. Du versuchst den Natur-
gesetzen trotzend übers Wasser zu gehen. Doch dann
verlässt dich der Mut. Du versinkst in den Fluten und
kannst nur noch in Todesangst schreien:

Kräfte überschätzt,
kein Jesusformat

»Hilf mir.«
Als du kurz darauf gefragt wirst, was du denn ganz
persönlich von deinem Freund hältst, antwortest du:
»Du bist Christus, der Sohn des lebendigen Gottes.
Auf dich haben wir, haben unsere Vorfahren gewartet.
Durch dich spricht Gott zu uns. Durch dich lernen wir
Gott in seinem tiefsten Wesen kennen.«

Du, lieber Petrus, bist von deiner tiefen Zuneigung,
deiner Gradlinigkeit und von deiner Redlichkeit in
allen Dingen so überzeugt, dass du dir gar nicht
ausmalen kannst, jemals an deinem Freund Jesus
zweifeln zu können. Als er dir angekündigt hat, dass
auch du ihn im Stich lassen wirst, weist du das weit
von dir. Das kannst du dir **absolut nicht vorstellen**.

Von keinem
Selbstzweifel
getrübt

Nicht nach dem allen, was ihr miteinander erlebt habt:
Hunger und Durst, Anfeindung und Flucht. Seine
Worte haben dich so tief überzeugt, seine großartigen
Taten haben dich total überwältigt.

Dass du es damit ernst meinst, lieber Petrus, wissen
wir aus der nächsten Szene. Als man deinen Freund
Jesus verhaften will, schlägst du zu. Auf dein Tem-
perament allein kann man das nicht zurückführen;
immerhin hattest du vorsorglich eine Waffe bei
dir. Aber es passt zu dir. Du sorgst dich um deinen
Freund, und wenn es sein muss, gehst du aufs Ganze.

Und dann kommt die Nacht, in der du jämmerlich versagst.

Zunächst fängt alles ganz harmlos an. War es Neugier oder Übermut, dass du dich kurz nach der Gefangennahme deines Freundes in den Hof des Gefängnisses gesetzt hast? Tollkühn war es auf jeden Fall. Du musstest doch damit rechnen, dass du erkannt werden würdest.

Und dann passiert es. **Eine Frau** spricht dich auf deinen Freund an. »Ich kenne ihn nicht«, ist deine Antwort. Dass du anschließend gegenüber den Soldaten nicht zugeben willst, dass du dazugehörst, kann man vielleicht noch verstehen. Aber dass du Angst vor einer unbekannten Frau hast. Aber so ist es: Du, der zunächst so tollkühn war, bekommst Angst. Ganz einfach Angst. Du kennst ja die Redewendung: mitgegangen - mitgefangen. Und du weißt von den Besatzern, dass sie kurzen Prozess machen mit tatsächlichen oder vermeintlichen Aufrührern. So kannst du deine Haut retten.

Doch dann geht dir schlagartig auf, was du getan hast. »Wie konnte ich nur so versagen und den Freund im Stich lassen«, schießt es dir durch den Kopf. Kurz vorher noch hattest du ihm hoch und heilig versichert, dass er sich blindlings auf dich verlassen könne. Jetzt dieser feige Verrat. Du weinst wie ein kleines Kind, vor Scham, vor Enttäuschung über dich selbst. Plötzlich dröhnen dir die Worte Jesu im Ohr, die er zu dir gesagt hat: »Simon, Simon, siehe der Satan hat begehrt, euch zu sieben wie den Weizen. Ich aber habe für dich gebetet, dass dein Glaube nicht aufhört. Und wenn du dich dereinst bekehrst, so stärke deine Brüder und Schwestern!« Du aber sprachst zu Jesus: »Herr, ich bin bereit, mit dir ins Gefängnis und in den Tod zu gehen.« Jesus antwortete dir: »Petrus, ich

> Das schwache Geschlecht hat dich enttarnt.

> Mein Mitleid, vielleicht hattest du keine Wahl.

sage dir: Der Hahn wird heute Nacht krähen, ehe du
dreimal geleugnet hast, dass du mich kennst.«
Als der Hahn kräht, lieber Petrus, ist die bitterste
Niederlage deines Lebens perfekt. Die Tränen schießen
dir in die Augen! Die Scham lässt dich fast im Boden
versinken! Am liebsten wäre es dir, der Erdboden
würde dich für immer verschlucken. All dein Mut
hatte dich verlassen, als sie dich festnageln wollten
auf deine Freundschaft zu Jesus!

Wie verlassen hat sich
da Jesus gefühlt!

Du stehst da voller Scham, voller Verzweiflung,
voller Trauer!
Du hast kläglich versagt, lieber Petrus! Das ist dir
an diesem denkwürdigen Morgen überdeutlich zu
Bewusstsein gekommen. Du schlägst die Hände
vors Gesicht, um deine Scham, deine Enttäuschung,
deine Verzweiflung zu verbergen.

Hast du da
an Jesus gedacht?

Eigentlich hätte hier die Bibel das Kapitel des Jüngers
Simon Petrus beenden können. Wenn es nach uns
gegangen wäre, lieber Petrus, wäre das sicherlich
auch passiert. Aber Gott sei Dank geht es nicht
nach unseren Maßstäben und Werturteilen! Sondern
nach der Art und Weise, wie Jesus mit Menschen
umgegangen ist. Jesus hat niemanden wie eine heiße
Kartoffel fallen lassen, der einmal versagt hat oder
einen schweren Fehler begangen hat. Die schwärzeste
Stunde in deinem Leben, lieber Petrus, ist für dich
zu deiner neuen Chance geworden, weil du die
Größe hattest, dir dein Versagen einzugestehen. Du
hast deine Schuld weder geleugnet noch verdrängt,
sondern hast sie unter Tränen angenommen!
Wie hat Jesus zu dir gesagt: »Ich aber habe für dich
gebetet, dass dein Glaube nicht aufhört. Und wenn du
dich dereinst bekehrst, so stärke deine Brüder und
Schwestern!«

Wenn Bekehrung, lieber Petrus, etwas mit Umkehr
zu tun hat, dann ist diese bitterste Erfahrung deines
Lebens wirklich deine Bekehrung zum Glauben an
Jesus. An den Mann, der bei anderer Gelegenheit zu
den Männern, die die Ehebrecherin steinigen wollten,
gesagt hat: »Wer unter euch ohne Sünde ist, der werfe
den ersten Stein!«

Jetzt hast du es
verstanden.

Deine größte Niederlage, lieber Petrus, ist die Wende
deines Lebens, weil du da begriffen hast: Jesus nimmt
dich vorbehaltlos so an, wie du bist. Mit all deinen
Stärken, aber auch mit deinen Schwächen! Plötzlich
hast du erfahren: Leben aus der Kraft des Geistes
Gottes heißt – ich darf schwach sein, weil Gott mich
dann wieder stark macht! Deshalb konnte Jesus zu dir,
lieber Petrus, sagen: »**Du bist der Fels, auf dem ich
meine Kirche bauen will!**«

Hoher Ausspruch,
klare Ansage,
hat funktioniert

Jesus hat dir das zugetraut, lieber Petrus, weil du
ein Mensch bist, der in keine Schablone gepresst
werden kann, sondern der alle Höhen und Tiefen
menschlichen Lebens durchgemacht hat. Das macht
dich, lieber Petrus, so sympathisch, so menschlich.
An dir, Petrus, können wir sehen und erfahren: Leben
in der Nachfolge Jesu bedeutet nicht, von Ängsten,
Sorgen und Niederlagen verschont zu bleiben! Leben
in der Nachfolge Jesus bedeutet aber zu wissen:
Wir können nie tiefer fallen als in die gütigen und
barmherzigen **Hände Gottes***. Gott hält und trägt uns
gerade dann, wenn wir am Boden zerstört und ganz
tief unten sind.

* Dort sollten wir es uns
nie zu gemütlich
einrichten.

Du, Petrus, hast das in ganz besonders beeindruckender Weise erfahren. Das ist gut zu wissen! Das macht
uns Mut und Hoffnung für unser eigenes Leben! Dafür
möchte ich dir, lieber Petrus, von Herzen danken!
Ich wünsche uns allen deine Petrus-Erfahrung, die da

lautet: Gott lässt niemanden fallen, auch dann nicht,
wenn wir ihn fallen lassen!

Herzliche Grüße
Dein *Pfarrer Steffen Hunder*

Die Kommentare sind von:
   Christiane und Oliver Scheytt

Beruf:
   Ärztin und Kulturdezernent a. D.

Wir machen hier mit, weil …
   wir so über die Konflikte in Petrus Leben
   neu nachgedacht haben.

Brief an Maria Magdalena, die Jesus liebte

Liebe Maria Magdalena,

Sie?! Männer waren's! Diskreditieren der Frauen war Mainstream der Patriarchen.

es ist an der Zeit, dir einen Brief zu schreiben und dir zu sagen, wie sehr dir Unrecht getan wurde. Was haben **sie** dir im Laufe der Zeit nicht alles unterstellt! Eine Prostituierte sollst du gewesen sein, bevor Jesus dich geheilt hat und du seine Jüngerin geworden bist! Der Sohn Gottes und die Hure! Der Heilige und die Verruchte!

Ja, solche Geschichten lieben die Menschen! Daran hat sich bis heute nichts geändert. Aber in Wirklichkeit war es ganz anders!

Geifernde, bigotte Spießbürger!

Jesus hat dich geheilt, das stimmt, aber nicht von deinem angeblichen sittenwidrigen Gewerbe der Prostitution, sondern von einer schlimmen seelischen Erkrankung! Diese Krankheit hat dich an den Rand der Verzweiflung gebracht. Du warst im wahrsten Sinne des Wortes wie besessen. Besessen von Gedanken der Angst, der Verzweiflung und der Hoffnungslosigkeit. Heute nennen wir das depressive Schübe! Damals nannten das die Menschen dämonische Besessenheit!

Verhöhnt, ausgegrenzt, missachtet – das zehrt am Lebenswillen, an der Kraft sich zu wehren!

Bevor du Jesus begegnet bist, warst du in der Dunkelheit deiner Depressionen gefangen. Jesus hat Licht in dein Leben gebracht. Er hat dich geheilt und deiner Seele die Freiheit geschenkt. **Plötzlich** konntest du wieder klar denken, fröhlich lachen und dein Leben als großartiges Geschenk ansehen! Als ob du neu geboren wurdest, so kam dir die Heilung durch Jesus vor!

PLÖTZLICH! HA! Ein harter Weg war's zur Hoffnung hin!

Die einzig wahre Entscheidung!

Diesem Mann will ich folgen, seinen Spuren will ich nachgehen, in seinem Licht will ich das Licht der

Schnitt

anderen Menschen sehen! Das hast du dir gesagt und
bist mit ihm gegangen.

Anfangs haben die Männer um Jesus komisch geschaut, abfällige Bemerkungen gemacht. »Eine Frau,
noch dazu so eine, was will die bei uns? Was hat
die hier verloren? Die gehört in die Küche hinter den
Herd, aber nicht zu uns!«

Stammtisch-Parolen!

Doch Jesus ließ sich nicht beirren! »Lasst sie«, hat er
gesagt. »Sie gehört genauso dazu, wie jeder von euch!
Ihr habt überhaupt kein Recht, sie auszugrenzen. Ihr
Herz ist von meiner Botschaft genauso erfüllt wie
eures! Also lasst sie in Ruhe! Statt abfällig über Maria
zu reden, solltet ihr sie annehmen und akzeptieren als
eine Botschafterin der Liebe Gottes! Hütet euch davor,
überheblich zu sein und Maria gering zu achten. Sie
wird euch noch alle beschämen! Das werdet ihr noch
sehen!«

Das ist deutliche Positionierung!

Harte Worte, liebe Maria, die Jesus damals seinen
Jüngern gesagt hat. Doch sie haben sich bewahrheitet!
Du hast sie alle beschämt, die sogenannten mutigen
und vollmundigen Männer. Als es wirklich darauf
ankam, haben sie alle versagt. Allen voran **Petrus!**

GROSSMAUL

Keiner hat den Mumm gehabt, bis zum Schluss bei
Jesus zu bleiben. Im Anblick von Golgatha sind sie alle
weggelaufen und haben sich voller Angst irgendwo
verkrochen! Nur du nicht und seine Mutter!
Ihr habt standgehalten!
Ihr habt ausgehalten!
Ihr habt durchgehalten!

Die Liebe erträgt alles!

Obwohl es euch fast das Herz im Leib zerrissen hat!
Bis zum letzten Atemzug seid ihr bei ihm geblieben.
Nichts und niemand konnte euch davon abbringen!
Gott sei Dank kann ich nur sagen! Und ihr wart
es auch, die als erste zum Grab gegangen sind, um

So bitter!!! Jede Liebe erträgt Leid.

ihm den letzten Dienst zu erweisen, nämlich ihn
einzubalsamieren!

Dabei hast du, liebe Maria, erfahren, dass Gottes
Liebe stärker ist als der Tod, dass das Leben über
den Tod gesiegt hat. Du bist dem lebendigen und
auferstandenen Jesus als erste begegnet, aber du
hast ihn zunächst nicht erkannt. Erst als er dich mit
deinem Namen anspricht, weißt du, wen du vor dir
hast.

In der **Liebe** kann man
nicht festhalten.

Auf einmal fällt alle Traurigkeit und alle Verzweiflung
von dir! Du willst ihn umarmen und **festhalten**. Aber
das will er nicht. So wie vorher, kann er nicht mehr bei
dir sein. Jesu Tod wird durch seine Auferstehung nicht
rückgängig gemacht. Seine Gegenwart ist nun eine
andere als vor seinem Tod.

Du, liebe Maria, beginnst dies zu begreifen und
kannst ihn loslassen. So entsteht eine neue Beziehung

Sie haben's erst
nicht geglaubt.

zwischen dir und ihm! »Ich habe den Herrn gesehen«,
erzählst du voller Freude seinen **Jüngern**! Nicht
mehr die Trauer über den Verlust Jesu steht für
dich im Vordergrund, sondern die Freude über das
neugeschenkte Leben, das Jesus von Gott bekommen
hat.

Für dich, liebe Maria, ist als erste Ostern gewesen!
Deine Osterfreude hat Gott sei Dank dann auch die
Jünger ergriffen, nachdem sie dem lebendigen Jesus
selbst begegnet sind. Aber du, liebe Maria, warst die
erste, die diese überwältigende Erfahrung gemacht
hat.

Jesus lebt! Der Tod hat nicht das letzte Wort über ihn
und auch nicht über uns!

ERFÜLLT –
BEWEGT –
BEFREIT!

Das ist eine wunderbare Botschaft, liebe Maria!
Eine Botschaft, die bis heute gilt!
Eine Botschaft, die bis heute trägt!

Eine Botschaft, die wir nicht oft genug
und laut genug sagen können!
Das Leben ist stärker als der Tod!
Die Liebe Gottes endet nicht mit dem Tod,
nein, sie trägt über den Tod hinaus!
Deshalb können wir auch heute
voller Freude und Hoffnung singen:
Wir wollen alle fröhlich sein,
in dieser österlichen Zeit,
denn unser Heil hat Gott bereit!

Herzliche Grüße,
dein *Pfarrer Steffen Hunder*

Die Kommentare sind von:
Gudrun Weßling-Hunder

Beruf:
Pfarrerin

Ich mache hier mit, weil ...
es mir ein Herzensanliegen ist!

Brief an Johannes, den Täufer

Lieber Johannes,

du bist ein beeindruckender Mann gewesen. Die Menschen strömten zu dir hin, weil sie spürten, du bist ein Mann Gottes – glaubwürdig, aufrecht, unbestechlich!

Allein deine Art zu leben, hat die Menschen fasziniert. Wie ein Asket hast du dich zurückgezogen! Hast auf alle Segnungen einer zivilisierten Gesellschaft verzichtet. Kein Dach über dem Kopf; kein Einkommen, keine Familie! All das hast du losgelassen, weil du eine Aufgabe erfüllen musstest. Gott hat dir die wohl wichtigste Aufgabe zugedacht, die es geben kann!

Du solltest die Menschen auf den Sohn Gottes vorbereiten! Du solltest den Leuten die Augen für **Gottes großartiges Angebot** öffnen. Deshalb bist du diesen eigenwilligen Weg in die Abgeschiedenheit und Einsamkeit gegangen. Du hast, wie man bei uns im Ruhrgebiet sagt, **Tacheles mit den Leuten geredet**. »Tut Buße«, hast du ihnen zugerufen; »kehrt um von euren falschen Lebenswegen, wendet euch wieder Gott zu, seinen Angeboten zu einem gelungenen Leben!« Und das Erstaunliche ist: Die Menschen waren total offen für deine wahrlich nicht leichte Botschaft.

Sie haben gespürt: Unser bisheriges Leben war nicht in Ordnung! Daran müssen wir etwas ändern!

Aber **niemand hat ihnen gesagt, wie sie ihr Leben umgestalten können!** Dann bist du aufgetreten, lieber Johannes! Mit Vollmacht und großer Überzeugungskraft bist du den Menschen entgegengetreten. Plötzlich ging vielen, vielen Menschen ein Licht auf!

Nicht als PR-Gag, sondern als ehrliches Angebot.

So wie die Menschen im Ruhrgebiet es besonders gerne haben.

Damals gab es noch keinen Internetversandhandel, sonst hätten sich alle einen Ratgeber mit 10-Schritte Programm »Wie ändere ich mein Leben« bestellen können.

»Ja«, haben sie gerufen, »Johannes, der Täufer, hat Recht. Wir haben unserem Leben eine falsche Richtung gegeben. Uns hat nur unser eigener Vorteil und unser persönliches Wohlergehen interessiert! Hauptsache, wir haben **unsere Schäfchen im Trockenen**!

Es gibt viele Ich-Menschen.

Das war die Devise, nach der wir unser Leben geführt haben. Es interessierte uns nicht die Bohne, was mit den anderen Menschen los ist. Hauptsache, uns geht es gut! Alles andere kümmert uns nicht! Und Gott, ach ja, den gibt es zwar, aber wirkliche Bedeutung für unser Leben hat er nicht. Er soll nur immer schön dafür sorgen, dass es uns an nicht fehlt! Alles Unheil soll der sogenannte liebe Gott von uns abwenden. Wenn er das tut, dann hat er seine Funktion voll und ganz erfüllt. Ansonsten interessiert uns Gott eigentlich nicht! Sicher, Gott hat uns seine Gebote, seine Regeln für unser Zusammenleben gegeben. Aber halten, ja halten tun sich doch eh die Wenigsten daran.«

Leider gibt es immer noch einige, die so denken. Aber genauso erlebe ich jeden Tag Menschen, die bereit sind, sich für andere einzusetzen. Und das gibt mir ein gutes Gefühl.

Wie viele Leute betrügen und belügen sich gegenseitig; zerstören die Ehen anderer, indem sie fremdgehen und sich nicht darum kümmern, was sie damit für ein Unheil anrichten. Gottes Gebote empfinden die meisten nur noch als lästige moralische Pflichten, die nicht mehr für sie gelten! Aber gleichzeitig spüren Menschen auch, dass sie sich gegenseitig den Boden unter den Füßen wegziehen. Es scheint überhaupt keine gemeinsamen Werte mehr zu geben, an die man sich halten und auf die man sich verlassen kann! Alles scheint beliebig zu sein. Menschen haben das bedrückende Gefühl, ihr Leben ist sinn- und orientierungslos! Eine tiefe Sehnsucht hat viele ergriffen, jemanden zu finden, **der ihnen Orientierung gibt** und einen Sinn für ihr Leben. Genau da bist du, lieber Johannes, aufgetreten. Du hast den Hunger und den Durst der Menschen nach

Und das nicht nur in den Vorabendserien, sondern live.

IMMER NOCH AKTUELL!

einem erfüllten und gelungenen Leben gespürt. Und die Menschen haben dich erlebt, wie jemanden, der ihnen den Weg zu einem sinnvollen Leben zeigen kann. Du, lieber Johannes, warst und bist eine Art Wegweiser zum Leben. **Das ist die großartige Aufgabe, die dir Gott zugedacht hat.** Genau davon erzählt auch der heutige Predigttext aus dem 1. Kapitel des Johannes-Evangeliums:

Am nächsten Tag sieht Johannes, dass Jesus zu ihm kommt, und spricht: Siehe, das ist Gottes Lamm, das der Welt Sünde trägt! Dieser ist's, von dem ich gesagt habe: Nach mir kommt ein Mann, der vor mir gewesen ist, denn er war eher als ich. Und ich kannte ihn nicht. Aber damit er Israel offenbart werde, darum bin ich gekommen, zu taufen mit Wasser. Und Johannes bezeugte und sprach: Ich sah, dass der Geist herabfuhr wie eine Taube vom Himmel und blieb auf ihm. Und ich kannte ihn nicht. Aber der mich sandte, zu taufen mit Wasser, der sprach zu mir: Auf wen du siehst den Geist herabfahren und auf ihm bleiben, der ist's, der mit dem Heiligen Geist tauft. Und ich habe es gesehen und bezeugt: Dieser ist Gottes Sohn.

Das sind starke Worte, lieber Johannes, die du von dir gegeben hast. »Siehe«, hast du gesagt, »das ist Gottes Lamm, **das der Welt Sünde trägt.**« Das heißt doch wohl: Leute, endlich habt ihr den gefunden, der euch von all dem befreit, was ihr in eurem Leben bisher falsch gemacht habt. Endlich hat Gott den geschickt, der uns den Himmel wirklich öffnen kann, indem er uns die liebende und verzeihende Hand Gottes anbietet. Vergebung von Schuld und Versagen bietet uns dieser Mann aus Nazareth an!

In seinem Gesicht können wir die Liebe Gottes ablesen! In seinen Händen spüren wir die segnende und mutmachende Zuwendung Gottes. Auf seinen

> Eine große Aufgabe mit einem bitteren Ende – er wurde enthauptet.

> Da hat er ganz schön was zu tragen.

Schultern trägt er all das, was uns belastet und
niederdrückt. Mit seinen Füßen bewegt er sich auf
uns zu und bringt uns den gütigen, barmherzigen,
liebenden und segnenden Gott näher!
Ja, Johannes, all das haben die Menschen gespürt,
damals, als du aufgetreten bist. Gott sei Dank spüren
wir es noch heute, wenn wir uns diese unglaubliche
und großartige Situation vor Augen führen. Damit
auch uns das Licht der Hoffnung aufgeht, haben
Menschen immer wieder in Wort und Bild diese
**großartige Botschaft von der grenzenlosen Liebe
Gottes** festgehalten.

WOW!

Wie hast du damals deine Begegnung mit Jesus
geschildert: »Ich sah, dass der Geist Gottes herabfuhr
wie eine Taube vom Himmel und auf ihm blieb. Und
ich kannte ihn nicht. Aber der mich sandte, zu taufen
mit Wasser, der sprach zu mir: Auf wen du siehst den
Geist herabfahren und auf ihm bleiben, der ist's, der
mit dem Heiligen Geist tauft. Und ich habe es gesehen
und bezeugt: »DIESER IST GOTES SOHN!«

**Du, lieber Johannes, bist der beeindruckendste
und glaubwürdigste Zeuge für Jesus gewesen.**
Darüber gibt es keinen Zweifel! Diese Tatsache hat
auch Matthias Grünewald, einen der größten Maler der
Geschichte, fasziniert. Auf seinem wohl berühmtesten
Werk, dem Isenheimer Altar aus dem Jahre 1510-1515,
hat er deine wegweisende Funktion unübertroffen
festgehalten. »Er muss wachsen, ich muss abnehmen!«
Dieses Wort aus dem Johannesevangelium hat
Grünewald zwischen deinen Kopf und deine Hand an
den dunklen Hintergrund geschrieben!
Deine ganze Gestalt, lieber Johannes, hat Matthias
Grünewald wie ein lebendiges Wegzeichen gestaltet!
So stehst du da und zeigst mit dem ausgestreckten

Warum ist er ihm
dann nicht als Jünger
gefolgt?

übergroßen Zeigefinger auf den, der am Kreuz hängt. »Schaut nicht auf mich«, sagst du damit, »schaut auf ihn! »Siehe, das ist das Lamm Gottes, das der Welt Sünde trägt!«

Du, lieber Johannes, lässt keinen Zweifel darüber aufkommen, dass in diesem Mann am Kreuz Gott Licht in alle Dunkelheiten und Schattenseiten unseres Lebens bringen will. Das Leben ist stärker als der Tod! Das Licht überwindet die Finsternis! Dafür ist der Mann am Kreuz der unüberbietbare Garant! **Und du, lieber Johannes, bist sein lebendigster und kraftvollster Wegweiser!**

Dafür danke ich dir von Herzen! Ich wünsche uns allen, dass wir uns von dir mit auf den Weg zu diesem Mann am Kreuz nehmen lassen, der von sich gesagt hat:

»Ich bin das Licht der Welt.
Wer mir nachfolgt, wird nicht in der Finsternis wandeln, sondern wird das Licht des Lebens haben!«

Johannes 8,12

Herzliche Grüße
Dein *Pfarrer Steffen Hunder*

Ich glaube, wir brauchen heutzutage mehr dieser kraftvollen Wegweiser. Mehr Menschen, die mit voller Überzeugung und Ehrlichkeit für ihre Sache eintreten und dabei die Realität nicht aus den Augen verlieren. Das gilt für die Kirche genauso wie in der Politik und Gesellschaft.

Einfach gut zu wissen.
Es beruhigt.

Die Kommentare sind von:
Thomas Kufen

Beruf:
Oberbürgermeister der Stadt Essen

Ich mache hier mit, weil ...
es mir ein persönliches Anliegen ist, mich
mit meinem Glauben auseinanderzusetzen
und ihn kritisch zu hinterfragen.

Brief an Paulus, der ein bewegtes Leben hatte

Hat sich das geändert? Ist es danach unbewegt?

Du, lieber Paulus, **hattest** ein sehr bewegtes Leben! Wir alle kennen das Sprichwort »Vom Saulus zum Paulus werden«. Damit wollen wir zum Ausdruck bringen: Jemand hat eine totale Wende in seinem Leben vollzogen. Eine Wende von 180° Grad!

Genau das ist dir, Paulus, widerfahren. Wir haben es vorhin in der Lesung aus der Apostelgeschichte gehört. Aus dir, dem Saulus, dem erbitterten Gegner und fanatischen Verfolger der Christen, wurde der Apostel Paulus, der leidenschaftlichste und glühendste Verfechter und Missionar für die Sache Jesu! Keiner hat sich so unermüdlich für die Botschaft von der Liebe Gottes zu uns Menschen eingesetzt wie du, Paulus. Rastlos und ruhelos bist du durch die damalige Welt gereist und hast den Menschen von Jesus erzählt. Dein Leben und dein Glauben wurden durch die Begegnung mit Jesus vollkommen auf den Kopf gestellt.

»Rin in die Kartoffeln, raus aus den Kartoffeln«. Warum dieses »Entweder / oder«?

All das, was vorher für dich wichtig war und zählte
- deine jüdische Abstammung
- deine religiöse Bildung
- dein frommes untadeliges Leben -
all **das zählte nun nicht mehr**. Du schreibst an die Gemeinde von Philippi: »Aber was mir Gewinn war, das habe ich um Christi willen für Schaden erachtet. Ja, ich erachte es noch alles für Schaden gegenüber der überschwänglichen Erkenntnis Jesu Christi, meines Herren. Um seinetwillen ist mir das alles Schaden geworden, und ich erachte es für Dreck, damit ich Christus gewinne!«

Seit der Begegnung mit Jesus hast du die Dinge des Lebens ganz anders bewertet. Von dem, was früher dein Leben ausgemacht hat und dir Selbstvertrauen gegeben hat, willst du nun absolut nichts mehr wissen! Du nennst es sogar Dreck! Doch was ist das eigentlich, was aus dir, dem Saulus, einen so engagierten und hoch motivierten Paulus gemacht hat?

Auf eine Kurzformel gebracht, könnte man sagen: Die Begegnung mit Christus hat bei dir eine Art »seelische Kernexplosion« ausgelöst, die zu einer totalen Umwandlung deiner Gefühle und Gedanken geführt hat und deine Füße auf weiten, neuen Raum gestellt hat! Dir, Paulus, wurde plötzlich klar:

- »Ich bin Gott recht!«, oder im heutigen Jargon: »Ich bin o. k. in Gottes Augen, obwohl ich nicht perfekt bin.«

- »Ich brauche keine frommen Leistungen erbringen, **damit*** ich von Gott geliebt und angenommen werde.«

* Er hat erkannt, dass die Dinge von innen kommen müssen, dass sie nicht getan werden, um zu gefallen.

Diese großartige Erkenntnis ist dir wie Schuppen von den Augen gefallen und hat dein Leben von Grund auf umgekrempelt!

Wie schreibst du in unserem Predigttext: »... damit ich Christus gewinne und in ihm gefunden werde, dass ich nicht meine Gerechtigkeit habe, die **aus dem Gesetz kommt**, sondern die **durch den Glauben** an Christus kommt, nämlich die Gerechtigkeit, die von Gott dem Glauben zugerechnet wird!«

von außen

von innen

Plötzlich erkennst du klar und deutlich, worauf es ankommt, nämlich sich Gott im Glauben **anzuvertrauen** und zu wissen: Gott liebt mich und akzeptiert mich, so wie ich bin, ohne Wenn und Aber! Und das gilt nicht nur für mich, sondern für alle Menschen ohne Ausnahme! Alle Menschen sind Gott recht und vor ihm o.k., obwohl sie wahrlich nicht perfekt sind.

VERTRAUEN!!

94

Diese großartige Erkenntnis hat dich, Paulus, im
wahrsten Sinne des Wortes von den Beinen gerissen.
Sie überwältigt dich so, dass du sie zunächst
gar nicht begreifen kannst oder willst. In deiner
Bekehrungsgeschichte heißt es:

Saulus aber richtete sich auf von der Erde; und als er
seine Augen aufschlug, sah er nichts!
Erst als Gott selbst dir durch den Jünger Hananias
die Hände auflegt, fällt es dir wie Schuppen von den
Augen.
Und Hananias ging hin und kam in das Haus, in dem
Saulus war und legte die Hände auf ihn und sprach:
»Lieber Bruder Saul, der Herr hat mich gesandt, Jesus,
der dir auf dem Weg hierher erschienen ist, dass du
wieder sehend und **mit dem Heiligen Geist erfüllt**
werdest.« Und sogleich fiel es von seinen Augen wie
Schuppen, und er wurde wieder sehend; und er stand
auf, ließ sich taufen und nahm Speise zu sich und
stärkte sich.

»heilige« = gute, hilfreiche,
funktionierende Denkweise

Dieses Ereignis - die Begegnung mit Jesus - war für
dich, lieber Paulus, die Geburtsstunde des Glaubens
an den liebenden und gütigen Gott! An Gott glauben
bedeutet, eine Beziehung zu Gott aufbauen und
pflegen!
Du, lieber Paulus, hattest eine Beziehung zu Gott
aufgebaut, bevor du Jesus begegnet bist. Diese
Beziehung erfuhr eine radikale **Veränderung** durch
die Begegnung mit dem auferstandenen Jesus! Aus
Saulus wurde Paulus! Das heißt: Aus dir, dem Saulus,
dem fanatischen Gegner wurde Paulus, der glühende
Verfechter für die Sache Jesu!
Deine Beziehung zu Gott wurde auf eine neue Grundlage gestellt, nämlich auf die Grundlage, dass Gott

Weiterentwicklung,
Korrektur

uns liebt, so wie wir sind, ohne Vorbedingung und ohne Wenn und Aber! Das bedeutet natürlich nicht, dass wir, wenn wir an Gott glauben, plötzlich perfekte Menschen sind. Nein, wir sind und werden nicht perfekt, weder mit Christus noch ohne ihn! **Wir sind im Glauben und im Leben nie perfekt.** Das wusstest gerade auch du, lieber Paulus, nur zu gut!

Leben ist ein Lehrgang.

Du selbst hast immer wieder darunter gelitten, dass du **nicht so gut predigen konntest** wie andere, oder dass du deine Gefühle nicht richtig in den Griff

Der eine kann das, der andere jenes.

bekommen konntest und mit dir, wie man so schön sagt, oft die Pferde durchgegangen sind! Paulus, du wusstest ganz genau: Es gibt immer wieder Brüche in unserem Leben und auch Zeiten des Glaubens-zweifels. Unsere Beziehung zu Gott ist nichts, was wir fertig in der Tasche haben, um es dann mit nach Hause nehmen zu können.

Dass unser Glaube Schwankungen, Anfechtungen und Veränderungen unterworfen ist, davon erzählt die Geschichte von Frau Bertholds wechselhaften Beziehungen zum lieben Gott.
Die Geschichte möchte ich jetzt dir, lieber Paulus, und uns allen erzählen:

Als Frau Berthold ein kleines Mädchen war und noch Lotte Gerhard hieß, waren ihre Beziehungen zum lieben Gott gut. Überhaupt stellte sie ihn sich so vor: erst mal und vor allen Dingen lieb. Als alten **weißhaarigen Mann** mit ebenso weißem Rauschebart.

Die Märchenebene, die jede Religion hat. Das einfachste Denkmodell, das sich ihr nähert.

Irgendwie ähnelte das Bild, das sie sich von ihm machte, ein wenig dem Weihnachtsmann.
Dass er auch zornig sein konnte, erfuhr sie später.
Als sie in den Kommunionunterricht ging und lernte, dass Sünden, wie zum Beispiel das Lutschen eines

geklauten Bonbons oder das Essen von Fleisch an einem Freitag, gebeichtet und gesühnt werden müssen. Da fing ihre Beziehung zum lieben Gott an, wechselhaft zu werden.

Manchmal liebte sie ihn: Wenn sie in der Kirche war, und der Weihrauch duftete, und der Kirchenchor sang, und alles war festlich und feierlich im Flackern der Kerzen und Murmeln der Gebete.

Manchmal fürchtete sie ihn: Wenn sie ihre kleinen Kindersünden beichten musste und sie sich schon im Fegefeuer büßen sah wegen einer ungehorsamen Antwort gegen die Mutter. Oder noch viel schlimmer: sich in der Hölle in einem großen Topf braten sah. (Jedenfalls stellte sie sich das damals so vor.) **Besonders schwere Strafe für besonders schwere Vergehen.**

Sie hatte eine passive Sichtweise.

Trotzdem. Lotte Gerhard war nicht gerade ein frommes Kind. Zu ihrer Zeit ging man eben jeden Sonntag in die Kirche. Das gehörte sich so. Und dass man zur Kommunion oder Konfirmation zu gehen hatte, verstand sich auch von selbst. Da wurde nicht viel gefragt. Schon gar nicht die Kinder.

Und dann wurde Lotte Gerhard zu Frau Berthold – klar, nicht nur Standesamt, nein: weiße Hochzeit mit Schleier, Myrtenkranz und allem Drum und Dran in der Kirche.

Da war Frau Berthold erwachsen. Der liebe Gott ihrer Kindheit rückte in immer **fernere Himmel**. Sonntags hatte sie keine Zeit mehr, in die Kirche zu gehen. Das Essen war zu kochen. Da waren die kleinen Kinder, die sie versorgen musste. Ihre Beziehungen zum lieben Gott schliefen ein bisschen ein. Ein Kirchenbesuch zu Weihnachten, mal einer zu Ostern. Hier und da ein bittendes Gebet, wenn sie gar nicht weiter wusste. Manchmal dann, wenn das Übel vorbei war, ein

Das einfache Modell brachte nichts mehr, hatte keine Bedeutung mehr.

Dankgebet. Voll schlechten Gewissens, weil sie so
wenig an Gott dachte.

Aber ihre Kinder waren getauft.

Sie gingen jeden Sonntag zur Kirche. Das gehörte sich
so. **Das musste sein**. »Also, was ihr später macht,
ist eure Sache. Aber solange ihr Kinder seid, habt ihr
jeden Sonntag in die Kirche zu gehen. Das schadet
euch nicht. Das kann euch nur nützen«, pflegte sie zu
ihren Kindern zu sagen, wenn sie maulten.
Je älter Frau Berthold wurde, desto blasser wurde das
Bild, das sie sich vom lieben Gott machte. Überhaupt,
lieb war er schon lange nicht mehr für sie. Er war
einfach Gott. Und es war ihr sehr, sehr zweifelhaft,
ob es ihn überhaupt gab. Da brauchte sie nur an das
schreiende Unrecht und die schweren Schicksale zu
denken, die es überall in der Welt gibt. Wenn es einen
lieben Gott gäbe, dann dürfte er so was überhaupt
nicht zulassen.
Jedem, der es hören wollte, sagte sie: »Also, nehmen
Sie doch mal unsere Kirche. Da bezahlen wir
Kirchensteuer. Und was machen sie damit? Paläste
von Kirchen bauen sie. Immer neue. Und der Bischof
läuft rum, behängt von oben bis unten mit Zierrat
und Gold. Und in den Kirchen ist auch ein Reichtum
wie Gott weiß was! Und die Armen? Würden sie lieber
für die was tun! Schließlich ist unser Herr Jesus in
'nem ärmlichen Stall geboren. Ohne Prunk und Pracht.
Wenn der gewusst hätte, was die mal für 'nen Protz
draus machen! Nein, nein, die ganze Kirche mit allem,
was dazugehört, kann mir gestohlen bleiben. Das ist
meine Meinung! Jawoll!«
Für eine Zeitlang war Gott aus dem Leben Frau Bertholds ganz verschwunden.

Von außen motiviert

Später waren ihre Kinder verheiratet. Der Sohn in Amerika. Die Tochter in einer anderen Stadt. Alle beide weit, weit weg von ihr. Sie hatte Enkelkinder. Aber die kannte sie fast nur von Fotos.

Da starb ihr Mann. Sie war allein. Ganz allein.

Und dann wurde sie auch noch krank. So, dass sie sich nicht mehr allein versorgen konnte und in ein Pflegeheim musste. Es war ein preiswertes, von Nonnen geleitetes Heim. **Ein anderes hätte sie sich gar nicht leisten können.** Und überall hingen Heiligenbilder und Kreuze, und eine Kapelle gab es auch. Jeden Sonntag wurde dort eine Messe für die Kranken gelesen. Ausschließen konnte sie sich da nicht. Auch nicht, wenn morgens, mittags und abends vor und nach dem Essen gebetet wurde. Das ging einfach nicht. Die Nonnen waren so nett. Und Frau Berthold mochte sie nicht kränken und außerdem: Sie war jetzt so allein. Und einsam.

> Plötzlich funktioniert der Glaube wieder für sie, wird »nützlich«.

Manchmal, in der Nacht, wenn sie wach lag und nicht wieder einschlafen konnte, quälte sie der Gedanke, dass sie nicht mehr gesund werden würde. Dass sie bald sterben müsste. Der Tod machte ihr solche Angst.
Sie fühlte sich schwach und hilflos wie ein winziges Kind. Und hoffte nur eins: Es gibt ihn, den lieben Gott. Er wird mir verzeihen, dass ich eine Zeitlang ungläubig war. Er wird mich hoffentlich in den Himmel kommen lassen. Wird er das?
Der Gedanke an den alles verzeihenden, lieben, gütigen **Gott ihrer Kindertage** in einem hellen, lichten, fröhlichen Himmel war ihr einziger Trost. Für Frau Berthold **gab es sonst nichts mehr.**

> Das alte Denkmodell

Weil sonst nichts mehr da ist.

Ihre Beziehung zum lieben Gott, einmal wieder
aufgenommen, wurde so gut wie niemals zuvor.
Jedenfalls von ihrer Seite.

Durch eine kleine Begebenheit wurde ihr klar: Ja,
ich bin von Gott geliebt und angenommen, so wie ich
bin!! Mit all meinen wechselhaften Beziehungen, die
ich im Laufe meines Lebens zu Gott gepflegt habe.

An ihrem 80. Geburtstag besuchte sie der Pfarrer und
schenkte ihr eine kleine Rose und eine Postkarte mit
einem Gedicht von Dietrich Bonhoeffer. »Ein kleines
Zeichen, dass Gott Sie liebt und Sie nicht vergisst!«,
sagte der Pfarrer zu ihr. »Das tut gut«, meinte Frau
Berthold, »sehr gut sogar! Lesen Sie mir bitte das
Gedicht vor! Ich kann nicht mehr so gut sehen.«
»Gern«, sagte der Pfarrer. Und las diese ermutigenden
Worte von Dietrich Bonhoeffer:

Das einfache Märchenmodell konnte gegen die Angebote ihrer aktiven Lebensphase nicht konkurrieren. Leider gab es zwischendurch kein tragfähiges Denkmodell für sie.

So lass nun
allen Kummer fahren und warte!
Gott weiß die Stunde der Hilfe;
und die wird kommen,
so wahr Gott ist.
Er wird deines Angesichts Hilfe sein;
denn er kennt dich
und er hat dich geliebt,
ehe er dich schuf.
Er will dich nicht fallen lassen.
Du bist in seinen Händen.
Zuletzt wirst du für alles,
was dir widerfuhr,
nur danken können,
denn du hast gelernt,
dass der allmächtige Gott
dein Gott ist.
Dein Heil heißt Jesus Christus.

Die Basis trägt.

»Danke«, sagte Frau Berthold aus tiefster Überzeugung. »Jetzt weiß ich, **Gott verlässt mich nie**. Er begleitete, behütete und bewahrte mich mein ganzes Leben lang und er wird dies auch weiter tun! Die kleine Rose und das tröstende Gedicht von Dietrich Bonhoeffer haben mir die Augen geöffnet! Dafür danke ich Ihnen sehr herzlich, Herr Pfarrer.«

Eine kleine Rose – ein kurzes Gedicht haben Frau Berthold die Augen dafür geöffnet, dass Gott sie liebt! Schön, wenn wir solche Zeichen in unserem Leben geschenkt bekommen, die uns die Augen für die Liebe Gottes öffnen!

Herzliche Grüße
Dein *Pfarrer Steffen Hunder*

Die Kommentare sind von:
Reinhard Wiesemann

Beruf:
Erfinder

Ich mache hier mit, weil ...
ich davon begeistert bin, wie offen die evangelische
Kirche für Gedanken ist, auch wenn sie nicht von
Theologen kommen.
Vor 2 Jahren bin ich wegen dieser Freundlichkeit
und Offenheit wieder in die Kirche eingetreten und
habe es keinen Moment bereut. Hier ist niemand, der
behauptet, die Weisheit allein
zu kennen, hier ist offener, freundschaftlicher
Austausch unter Menschen, die etwas mehr, und
solchen, die etwas weniger Wissen vom christlichen
Glauben haben. Wunderbar!

Brief an Lydia, die erste Christin in Europa

11 Da fuhren wir von Troas ab und kamen geradewegs nach Samothrake, am nächsten Tag nach Neapolis
12 und von da nach Philippi, das ist eine Stadt des ersten Bezirks von Makedonien, eine römische Kolonie. Wir blieben aber einige Tage in dieser Stadt.
13 Am Sabbattag gingen wir hinaus vor das Stadttor an den Fluss, wo wir dachten, dass man zu beten pflegte, und wir setzten uns und redeten mit den Frauen, die dort zusammenkamen.

Die Bekehrung der Lydia
14 Und eine Frau mit Namen Lydia, eine Purpurhändlerin aus der Stadt Thyatira, eine Gottesfürchtige, hörte zu; der tat der Herr das Herz auf, sodass sie darauf achthatte, was von Paulus geredet wurde.
15 Als sie aber mit ihrem Hause getauft war, bat sie uns und sprach: Wenn ihr anerkennt, dass ich an den Herrn glaube, so kommt in mein Haus und bleibt da. Und sie nötigte uns.

In Philippi (Apostelgeschichte 16,11-15)

Liebe Lydia,

Europa und das Christentum – das ist eine Geschichte mit großartigen Höhen, aber auch abgründigen Tiefen ...

Nur damit kein Missverständnis aufkommt: Es war nicht Paulus, sondern Gott selbst, der Lydias Herz für den Glauben öffnete!

du bist eine ganz besondere Frau und zwar in mehrfacher Hinsicht. Einerseits bist du eine sehr erfolgreiche Geschäftsfrau als Purpurhändlerin gewesen. Andererseits warst du die erste Christin Europas! Die Begegnung mit dem Apostel Paulus hat dir dein Herz für den Glauben an Gott geöffnet und du hast dich taufen lassen. Wie es dazu kam, ist bemerkenswert. Nach einem langen Tag bist du von der Arbeit heimgekehrt. Es hatte wieder einmal jede Menge zu tun gegeben im Geschäft. Du hast mit vielen Leuten Gespräche geführt, die bei dir die kostbare, teure Purpurfarbe bestellt hatten. Du musstest die Lieferungen überprüfen, die von den Schiffen im Hafen zu dir ins Haus kamen und von dort aus durch Boten zu den Käufern gebracht wurden.

Aber jetzt willst du an etwas anderes denken. Du freust sich schon auf heute Abend. Denn da triffst du dich wieder mit deinen Freundinnen unten am Fluss. Da macht ihr es euch unter schattigen Bäumen gemütlich, esst und trinkt und erzählt euch, was ihr erlebt habt. Wenn es regnet, geht ihr in ein Haus in der Nähe, aber heute ist es draußen am angenehmsten. Ihr erzählt euch auch Geschichten von Gott, die ihr in der Bibel, genauer gesagt in den Schriftrollen, lesen konntet.

Du, liebe Lydia, kennst schon eine Reihe dieser Geschichten, von Abraham und Sara, von Josef in Ägypten, von Mose und Mirjam und viele andere. Dir gefällt es, von Menschen zu hören, die Gott begleitet, behütet und bewahrt hat.

Du bist vollkommen in deinen Gedanken versunken und merkst gar nicht, wie zwei Männer auf dich zutreten. Überrascht drehst du dich um, als der eine dich anspricht: »Ich bin Paulus, und das hier ist mein Begleiter Silas. Wir sind erst seit wenigen Tagen hier in der Stadt. Wir sind auf der Suche nach einem Haus, in dem sich Leute Geschichten von dem einen Gott erzählen und zu ihm beten. Wir kommen aus Jerusalem.«

Jetzt bist du hellwach. Du stellst dich zuerst den beiden Männern vor und sagst dann: »Wir treffen uns heute Abend neben der Gebetsstätte unter den Bäumen, meine Freundinnen und ich. Wir lieben die

Lydia war wohlhabend und unabhängig, aber ihr ganzer Reichtum stillte nicht den Hunger und Durst ihrer Seele.

Männer und Frauen müssen bei der Ausbreitung des christlichen Glaubens seit über 2000 Jahren lernen, geographische, soziale, kulturelle und sprachliche Grenzen zu überschreiten.

Geschichten von Gott sehr und kennen auch schon viele. Aber wenn ihr aus Jerusalem kommt, dann kommt ihr doch aus dem Land, in dem Abraham und Sara, Jakob und Josef, David und Salomo gelebt haben. Dann könnt ihr uns vielleicht Geschichten erzählen, die wir noch nicht kennen!«

Die beiden Männer nicken und antworten: »Das können wir dir jetzt schon versprechen. Wir haben die neuesten Geschichten, die noch niemand hier in Philippi gehört hat!«

Als du das hörst, strahlst du über das ganze Gesicht. **Voller Freude lädst du die beiden ein.** Mit dir

In der damaligen Männerwelt eine wirklich mutige Frau, die Lydia!

kommen sie zu den anderen an den Fluss. Dort stellst du die beiden deinen Freundinnen vor. Ihr bietet ihnen etwas zu essen und trinken an und Paulus und Silas erzählen euch Geschichten von Jesus.

Von all dem, was sie berichten, habt ihr tatsächlich bisher noch nichts vernommen. Aufmerksam hört ihr zu, wie die beiden von Jesu Taufe erzählen, von Zachäus und von dem blinden Bartimäus, von den Fischern am See, die zu Jesu Freunden wurden.

Es ist schon Nacht geworden, aber es ist noch angenehm warm. Ihr könnt nicht genug mitbekommen von diesen interessanten Geschichten. Und so erzählen Paulus und Silas auch, wie Jesus in Jerusalem verhaftet und gekreuzigt wurde. Voller Begeisterung schildern sie, wie die Jünger dann Ostern dem Auferstandenen begegneten und er ihnen den Auftrag gegeben hat, die Botschaft von Gott und Jesus weiterzusagen. »Und darum sind wir hier«, beenden die beiden ihre ausführlichen Erzählungen.

»Ihr Jesus-Leute«, sagt Lydia nach einer Pause, »seid doch eine große Gemeinschaft.« – »Ja«, sagt Paulus, »so oft wie möglich treffen wir uns, essen zusammen, hören Geschichten von Gott und von Jesus und beten,

so wie wir es hier tun.« Lydia fragt weiter: »Kann
man auch als Ausländerin zu dieser Gemeinschaft
dazugehören?« – »Natürlich«, sagt Paulus wieder, »das
ist kein Problem.« Lydia lässt nicht locker: »Und gibt
es irgendein Zeichen dafür, dass man dazugehört?« –
»Ja«, antwortet Paulus, »es ist das Zeichen der Taufe.
Wir haben euch ja vorhin von Jesu Taufe erzählt. Jesus
hat uns den Auftrag gegeben, die Menschen, die zur
Jesus-Gemeinschaft dazugehören wollen, auch zu
taufen.« Das gefällt Lydia gut. »Lasst uns doch morgen
hier weiterreden, dann können wir uns alles genau
überlegen.«

Am nächsten Abend trefft ihr euch wieder. Paulus und
Silas erklären euch Frauen genau, was bei einer Taufe
geschieht. Und ein paar Tage später ist es soweit:
Paulus und Silas machen es genauso, wie es Johannes
der Täufer mit Jesus gemacht hat. Du, liebe Lydia, bist
die erste, die in das Wasser hineingeht. Du tauchst
ins Wasser ein und steigst wieder hinauf. Paulus steht
neben dir, gießt dir dreimal Wasser über den Kopf und
sagt: »Ich taufe dich im Namen Gottes des Vaters, des
Sohnes Jesus Christus und des Heiligen Geistes.«
Deinen Freundinnen lassen sich dann auch taufen.
Ein tiefes Glücksgefühl durchströmt euch alle. Als
ihr danach am Tisch sitzt und miteinander feiert,
erhebt Paulus seinen Becher und sagt feierlich: »Jetzt
hat mit euch etwas Neues begonnen: Ihr gehört zur
Gemeinschaft der Christen mit dazu. Gottes Kraft,
Gottes guter Geist soll in euch sein. Es segne euch Gott
der Vater, der Sohn und Heilige Geist und behüte euch
auf allen euren Wegen!«

An diesem Abend beginnt für dich, liebe Lydia, und
alle, die zu dir gehören, ein ganz neues Leben! Ihr
gehört jetzt zur Gemeinde Jesu Christi. Deshalb
feiert ihr Abendmahl miteinander, singt fröhliche

Bei Dorothee Sölle
klingt das so:
Die Hoffnung ist
ein großes rundes Brot,
das man zusammen essen
muss, und erst dann wird
man satt.

Lieder und betet gemeinsam voller Dankbarkeit das Vaterunser.

Tief bewegt bedankst du dich, liebe Lydia, sehr herzlich bei Paulus und Silas und sagst zum Schluss: »Bleibt bitte noch so lange wie möglich hier! **Ich habe ein großes Haus und viel Platz**, für euch und für alle, die zusammenkommen möchten, um von Jesus zu hören, zu singen und zu beten.«

Offene gastfreundliche Häuser und Gemeinden brauchen wir heute mehr denn je ...

Du, liebe Lydia, bist ein Geschenk des Himmels für uns alle. Denn du bist die erste, die in Europa Christin geworden ist! Gott **hat dir dein Herz geöffnet und du hast dich taufen lassen.** Dafür danke ich dir von ganzem Herzen und grüße dich freundlich.

Gott sucht oft unvermutete Wege, mit denen wir nicht rechnen.

Auch wir heute sind Glieder in der langen Kette des Glaubens – wo und wie ist jeder von uns verantwortlich für die Weitergabe des Glaubens?

Herzliche Grüße,
Dein *Pfarrer Steffen Hunder*

Die Kommentare sind von:
  Marion Greve

Beruf:
  Pfarrerin und Superintendentin der
  Evangelischen Kirche Essen

Ich mache hier mit, weil ...
  Lydias Geschichte mich begeistert: Sie macht deutlich,
  dass das Evangelium keine Grenzen kennt.

Brief an Joseph – Papas Liebling!

Lieber Joseph,

Du warst der Sohn, den sich dein Vater Jakob und seine Lieblingsfrau Rahel so herbeigesehnt haben. Du warst **der Jüngste von elf Brüdern** – bis dann Benjamin geboren wurde.

Du wächst heran. Und dein Vater liebt dich am meisten. Du bist **Papas Liebling**. Ganz offen und unverhohlen zieht dein Vater dich deinen Brüdern vor. Doch leider Gottes bedenkt Jakob nicht, welche Folgen sein ungerechtes Handeln nach sich ziehen kann. Selbst Gott scheint dich, lieber Josef, vorzuziehen und dir seinen Segen in besonderer Weise zu schenken. Auch das noch!

Und deine Brüder erleben Tag für Tag – wie du geliebt und bevorzugt wirst. Sie müssen zur Arbeit, und du, der Jüngste, der Verhätschelte, bleibst zu Hause. Dein Vater schenkt dir einen schönen bunten Mantel. Diesen zeigst du deinen Brüdern voller Stolz. Du merkst gar nicht, wie der Ärger deiner Brüder über dich von Tag zu Tag wächst. Du genießt einfach ungeniert die überschwängliche Liebe deines Vaters. Du sonnst dich geradezu darin. Doch wie heißt es so schön, Hochmut kommt vor dem Fall.

Als dein Vater dich zu deinen Brüdern schickt, die weit entfernt die Schafe hüten, da machst du dich voller Stolz mit deinem bunten Gewand auf den Weg. **»Sollen meine Brüder doch sehen, dass ich der Liebling unseres Vaters bin«**, denkst du dir. Deine Brüder sehen dich voller Stolz kommen. Sie ärgern sich und denken: »Dieser Grünschnabel weiß gar nicht, was Arbeit ist, aber unser Vater schenkt ihm

Elf Brüder &
keine Schwester?! –
verrückt.

... Lieblingssohn,
Lieblingssohn,
lalalala ...

Uiuiui –
Das ist ganz schön
frech!

ein teures Gewand. Wir, die wir täglich hart arbeiten, bekommen nichts. Hoffentlich geht er schnell zum Vater zurück, dieser Angeber!« Du spürst ihren Neid und kommst dir gleich noch bedeutender vor. Aber du fühlst auch ihren Zorn, deshalb verlässt du sie bald wieder.

Empathie ist nicht deine Stärke, lieber Joseph.

Nach einiger Zeit schickt Jakob dich wieder einmal zu deinen Brüdern, um nach dem Rechten zu sehen. Du hattest gerade einen eindrucksvollen Traum. Den musst du unbedingt den Brüdern erzählen. »Ich habe von einem abgeernteten Feld geträumt, auf dem zwölf Getreidegarben standen, jede für einen von uns Brüdern. In der Mitte des Feldes stand meine Garbe, und dann haben sich alle anderen vor meiner Garbe verneigt!«

Da ist der träumende Angeber wieder.

Als deine Brüder das hören, sind sie sehr erzürnt, denn sie wissen sofort, was du ihnen mit diesem Traum sagen willst. Wütend schreien sie dich an: »Du elender Dreikäsehoch, was bildest du dir ein, wer du bist! Wir werden uns nie vor dir verneigen! Sieh zu, dass du zum Vater kommst, sonst werden wir dich mal ordentlich verprügeln, statt uns vor dir zu verneigen.«

Da folgt die verdiente Abreibung?!

Da kehrst Du schnell wieder um und fliehst zum Vater. Aber nach einiger Zeit - genau nach deinem nächsten Traum - schickt dich dein Vater wieder zu den Brüdern. Du bist tief bewegt von dem nächtlich Geträumten. Du merkst deutlich: »Gott hat Großes mit mir vor.« Deine Brüder empfangen dich mit den spöttischen Worten: »Na, hat unser Bruder wieder einen Traum gehabt?« Du siehst sie erstaunt an und fragst: »Woher wisst ihr das? Hört zu, ich muss euch erzählen: Ich sah in meinem Traum am Nachthimmel zwölf Sterne leuchten. Mein Stern stand mitten unter ihnen. Aber außer den Sternen sah ich sogar noch

Sonne und Mond. Und dann verneigten sich alle vor
meinem Stern, sogar Sonne und Mond.«

Deine Brüder erkennen gleich, was das heißen soll:
Nicht nur sie als Brüder sollen sich einmal vor dir
verneigen. Das macht deine Brüder erst so richtig
wütend! Jetzt reicht's. Sie schreien dich an: »Meinst
du etwa, dass sich auch noch Vater und Mutter vor dir
verneigen werden? Das ist zu viel! Jetzt werden wir dir
zeigen, was wir mit so einem hochmütigen Angeber
machen!«

Du hast das Fass zum
überlaufen gebracht ...

Sie werfen sich auf dich und schlagen dich, bis dein
schönes buntes Gewand dir nur noch in Fetzen am
Leibe hängt. Dann werfen sie dich in ein Brunnenloch,
das gerade ausgetrocknet ist. Als kurz darauf eine
Karawane mit Kaufleuten vorbeikommt, verkaufen dich
deinen Brüder an Sklavenhändler. Die nehmen dich

ENDLICH WEG ...

mit nach Ägypten. Deine Brüder sind froh und denken:
»Endlich sind wir diesen Angeber los! Sie verabreden,
was sie ihrem Vater erzählen wollen. »Wenn unser
Vater uns nach Joseph fragt, dann sagen wir ihm, dass
ihn ein wildes Tier unterwegs zerrissen hat.«

Lieber Joseph, in Ägypten hat sich vor dir als Sklaven
nun wirklich keiner mehr verneigt. Stattdessen
musst du dich vor allen verneigen und hast nur
zu gehorchen. Kein Vater, der dich über alles liebt,
ist in der Nähe. Kein schönes, buntes, sondern ein
Sklavengewand musst du nun tragen. Hier in Ägypten
gelten deine Träume nichts! Das ist bitter für Dich!
Wenn Du nachts wach liegst und nachdenkst, dann
stellst Du traurig fest: »Mit **meiner hochmütigen**

... späte Reue ...

Art habe ich alles Gute verdorben, was Gott mit mir
vorhatte.«

Inständig betest du: »Herr, mein Gott, verzeih mir
meinen Hochmut. Leider kann ich meine Brüder nicht

um Verzeihung bitten.« Du fragst dich aber auch: »Ist das Gottes Strafe, dass ich nun ein ägyptischer Sklave bin?«

Aber noch mehr quält dich die Frage: »Hat **unser Gott auch in Ägypten Macht**, etwas zu tun? Hier betet man nicht in schlichten Zelten wie zu unserem Gott, sondern man verehrt verschiedene Götter in riesigen Steintempeln. Sind die ägyptischen Götter vielleicht so viel mächtiger als unser Gott, wie die Tempel größer sind als unsere Zelte? Hier bin ich verloren! Hilf mir, Gott meiner Väter, wenn du es kannst!«

Wie mächtig ist unser Gott?

Durch eine Intrige der Frau deines Besitzers landest du sogar im Gefängnis. Dort fühlst du dich unendlich klein und machtlos. Du betest zwar noch zu dem Gott deiner Väter, aber du hast nicht das Gefühl, dass Gott dich hört oder dir gar hilft. Düstere Gedanken plagen dich: »Ist das mein Ende? Ist das vielleicht die gerechte Strafe für meinen Hochmut? Will mir Gott nicht vergeben?«

Gerechte Selbstzweifel?

Doch, lieber Joseph, Gott wendet alles zum Guten. Denn plötzlich geschehen wunderbare Dinge, die du gar nicht recht schnell fassen kannst. Du wirst aus dem Gefängnis entlassen und darfst zwei Träume des Pharaos deuten. Da einer dieser Träume dem Land eine große Hungersnot voraussagt, vertraut dir der Pharao den Bau von Vorratsspeichern an. Außerdem macht er dich zum Verwalter über alle Lebensmittel für die Hungersnot. Mit einem Mal bist du nach dem Pharao der zweitmächtigste Mann in Ägypten. Außer dem Pharao müssen sich nun alle vor dir sehr tief verbeugen. Da fragst du dich doch manchmal, ob das nicht dein Gott so wunderbar eingerichtet hat. Dann wären die ägyptischen Götter in ihren riesigen Tempeln doch völlig machtlos.

Der eine allmächtige Gott!

Das »Spielchen« mit
deinen Brüdern.

Du erinnerst dich an deine Träume, als auch deine Brüder nach Ägypten kommen, um nicht zu Hause verhungern zu müssen. **Sie verneigen sich wirklich tief vor dir**, ohne zu wissen, wer du bist. Sie kommen zweimal, ehe du dich zu erkennen gibst. Da die Hungerszeit noch länger anhält, lässt du deine Brüder und den Rest deiner Familie, besonders aber deinen Vater Jakob, nach Ägypten holen. So wirst du, der verkaufte Joseph, der Sklave, der Gefangene, der große Verwalter der Vorräte in Ägypten, schließlich zum **Retter Deiner Familie**.

Der Retter,
der Retter der Familie!

Mit »verzeihen können«
beginnt das Reich Gottes
auf Erden.

Erst als euer Vater Jakob gestorben ist, fürchten sich deine Brüder vor deiner Rache, weil sie dir so böse mitgespielt haben. Aber du, lieber Joseph willst nicht wieder Gottes Plan verderben, deshalb versprichst du ihnen: »Ihr hattet Böses mit mir vor, aber Gott hat alles zum Guten gewendet. Das will ich nicht wieder verderben.«

Das gefällt mir sehr gut, lieber Joseph. Du sinnst nicht auf Rache, sondern reichst deinen Brüdern die Hand zur Vergebung. Darauf liegt wirklich Gottes Segen!

Herzliche Grüße,
Dein *Pfarrer Steffen Hunder*

Die Kommentare sind von:
Friederike Hunder (für alle Geschwister)
Constantin, Johannes, Alexander, Friederike, Niklas und
Jonas Hunder anlässlich der standesamtlichen Trauung
von Johannes (v. l. n. r.)

Beruf:
»Pfarrers Kinder«

Wir machen mit, weil ...
wir am besten beurteilen können, wie Geschwister
fühlen.

Brief an Marta, die Tatkräftige

Liebe Marta,

wenn ich ehrlich bin, habe ich dich in erster Linie immer als die fürsorgliche Gastgeberin wahrgenommen, die alles dafür tut, dass Jesus und seine Leute gut bewirtet werden, als sie bei euch zu Besuch sind. So stellt es jedenfalls der Evangelist Lukas dar. Du bist diejenige, die sich tatkräftig um Essen und Trinken kümmert, damit sich eure Gäste wohl fühlen.

Deine Schwester Maria dagegen setzt sich lieber zu Jesu Füßen und hört ihm aufmerksam zu. Dir liegt viel daran, dass es eurem Freund Jesus gut geht. Deshalb sorgst du emsig für sein leibliches Wohl. Deiner Schwester dagegen scheint es wichtiger zu sein, zu hören, was Jesus zu sagen hat. Deshalb überlässt sie dir die handfeste Aufgabe, für das leibliche Wohl eurer Freunde zu sorgen.

Eigentlich ist das eine Frechheit! **Während du dich abrackerst, sitzt deine Schwester untätig da** und lauscht den Worten Jesu voller Hingabe. Ich kann gut verstehen, dass dich das ärgert! Du wendest dich direkt an Jesus und forderst ihn auf: »Herr, fragst du nicht danach, dass mich meine Schwester lässt allein dienen? Sage ihr doch, dass sie mir helfen soll!« (Lukas 10,41)

Doch du, liebe Marta, bekommst von Jesus eine enttäuschende Antwort: »Marta, Marta, du hast viel Sorge und Mühe. Eins aber ist Not. Maria hat den guten Teil erwählt; das soll nicht von ihr genommen werden« (Lukas 10,42).

Diese Antwort Jesu muss für dich wie ein Schlag ins Gesicht gewesen sein. Da erfüllst du gewissenhaft

Wie im normalen Leben – einer fürs Grobe, einer fürs Feine.

still und selbstverständlich deine Pflichten als Gastgeberin. Doch der, dem das alles zugute kommt,
scheint das überhaupt nicht zu schätzen. Damit
teilst du das Los vieler Frauen, die oft im Stillen so
selbstverständlich viel bewegen und dafür keinen
Dank bekommen.

Liebe Marta, Jesus lobt nicht dich, die Zupackende,
sondern Maria, die Zuhörende! Deine Schwester
setzt sich hin und hört zu. Damit hat sie den guten
Teil erwählt, sagt Jesus. Allerdings ist eins doch
auch klar: Wenn du, liebe Marta, es auch so gemacht
hättest, wäre nichts zu essen und zu trinken auf
dem Tisch gewesen. **Du als gute Gastgeberin hast
dafür gesorgt, dass es euren Gästen an nichts fehlt.**
Doch warum lobt dich Jesus dafür nicht, sondern
deine Schwester Maria für ihr »Nichtstun«? Weil für
Jesus das Zuhören nicht »Nichtstun« ist, sondern
eine ganz wichtige Form von Gastfreundschaft und
Aufmerksamkeit.

Ein guter Zuhörer ist
sehr wertvoll, aber davon
wird der Gast nicht satt.

»Alles hat seine Zeit«, sagt der Prediger im Alten
Testament. Für dich war der Besuch Jesu die Zeit
des Zupackens, für deine Schwester Maria war es
die Zeit des Zuhörens. Beides ist wichtig für Leib
und Seele. An diesem Tag, als Jesus euch besucht,
ist für ihn das Zuhören deiner Schwester wichtiger
als dein zupackender Tischdienst. Aber das heißt
nicht, dass nicht beides zusammengehört, das Geben
und das Nehmen, die tatkräftige Aktivität und das
aufmerksame Zuhören.
Du und deine Schwester, liebe Marta, ihr verkörpert
zwei wichtige menschliche Grundeigenschaften.
Zum einen: aktiv zu werden und sich tatkräftig mit
seinen Fähigkeiten für andere einzusetzen.

Zum anderen: sich Menschen zuzuwenden, um ihnen aufmerksam zuzuhören und wahrzunehmen, was sie mir zu sagen haben.

Liebe Marta, wir brauchen beide Fähigkeiten, damit unser menschliches Miteinander gelingt. Das wusste Jesus sehr gut. Nur an diesem Tag in eurem Haus hat er der Verhaltensweise deiner Schwester den Vorrang gegeben. **Das war nicht eine grundsätzliche Zurückweisung deiner Art**, die Dinge anzupacken, sondern in diese konkrete Situation hineingesprochen.

Wohl falsch verstanden? Doch gleiche Wertschätzung

Eurer tiefen Zuneigung und Freundschaft hat dies scheinbar überhaupt keinen Abbruch getan. Davon erzählt der Evangelist Johannes im 11. Kapitel auf beindruckende Art und Weise.

Seinen Text könnte man mit dem Lied von den Comedian Harmonists überschreiben: »Ein Freund, ein guter Freund, das ist das Beste, was es gibt auf der Welt. Ein Freund bleibt immer Freund, auch wenn die ganze Welt zusammenfällt.« Für dich, liebe Marta, und deine Schwester Maria ist die ganze Welt zusammengefallen, als euer Bruder Lazarus schwer erkrankte.
Euer Alltagsleben stand plötzlich still. All eure Gedanken, euer Hoffen und Bangen drehten sich nur noch darum, ob euer Bruder wieder gesund wird. Viele andere Dinge, um die ihr euch sonst gekümmert habt und die euch wichtig waren, haben da ihre **Bedeutung verloren**.

Blut ist dicker als Wasser.

Als Lazarus Erkrankung dramatisch wurde, schicktet ihr einen Boten zu eurem Freund Jesus und ließt ihm mitteilen: »Herr, siehe, der, den du liebhast, liegt krank« (Johannes 11,3). Ihr beide batet nicht einfach

nur höflich um einen Krankenbesuch, sondern **ganz
konkret Jesus um seine Hilfe.**

Für uns selbstverständlich

Jesus ist ein sehr guter Freund eurer Familie. Ihr
Geschwister habt viel für ihn getan.
Jedes Mal, wenn Jesus in Bethanien war, habt ihr
ihn und seine Begleiter in euer Haus eingeladen. Bei
euch konnte Jesus sicher übernachten, sich waschen
und sich so richtig satt essen. Stundenlang habt ihr
miteinander geredet und diskutiert, gelacht und
getrunken. Mit Jesus verbindet euch eine tiefe und
innige Freundschaft! Ihr habt euch wirklich gesucht
und gefunden. Der Evangelist Johannes vermerkt
ausdrücklich, dass Jesus diese Gefühle teilt: »Jesus
hatte Marta lieb und ihre Schwester und Lazarus«
(Johannes 11,5).

Wenn ich mir dies alles vor Augen führe, dann wun-
dere ich mich doch sehr über die Reaktion Jesu. Als
er erfährt, dass dein Bruder Lazarus schwer krank
ist, eilt er seinem Freund nicht sofort zur Hilfe. **Zwei
ganze Tage lässt er einfach verstreichen** und nimmt
billigend in Kauf, zu spät zu kommen, um Lazarus
noch zu retten.
Und so geschieht für euch, liebe Marta, das Unfassbare! Lazarus stirbt! Für dich und Maria bricht
die Welt zusammen! Ihr könnt nur noch klagen und
weinen!

*Freunde in der Not
gehen viele auf ein Lot!*

Als Jesus endlich in Bethanien eintrifft, ist euer
Bruder schon vier Tage tot.
Ihr geht Jesus entgegen: zuerst du Marta, danach
Maria. Ihr beide werft eurem Freund vor: »Wärst du
hier gewesen, mein Bruder wäre nicht gestorben!«
(Johannes 11,21).

Sicherlich nicht gerne

Wie sollt ihr das auch verstehen? So vielen wildfremden Menschen hat Jesus geholfen, so viele
Unbekannte hat er geheilt, ja selbst aus der Ferne
hat er Menschen gesund gemacht. Aber ausgerechnet
seinen guten Freund Lazarus lässt er im Stich.

Es zeugt von wahrer Liebe und Größe, dass du, liebe
Marta, nicht bei deinem Vorwurf stehen bleibst und
dich von Jesus abwendest, sondern fortfährst: »Aber
auch jetzt weiß ich: Was du bittest von Gott, das wird
Gott dir geben« (Johannes 11,22).
Trotz deiner Enttäuschung über Jesu Verhalten als
Freund sprachst du ihm dein Vertrauen aus. Ja, du
formulierst sogar ein Bekenntnis, das im ganzen
Neuen Testament seinesgleichen sucht: »Ich glaube,
dass du der Christus bist, der Sohn Gottes, der in die
Welt gekommen ist« (Johannes 11,27).
Keinem seiner Jünger, nicht einmal Petrus, kommt ein
solches Bekenntnis über die Lippen.

Und das Unglaubliche geschieht!
Jesus sagt dir, liebe Marta, zu, dass dein Bruder
auferstehen wird. Du hast keinen Zweifel daran, dass
dein Bruder am Jüngsten Tage auferstehen wird. Doch
Jesus macht deutlich: Seine Zusage bezieht er sich
auf das Hier und Jetzt. Er geht auf die Höhle zu, in
der Lazarus begraben liegt, und **befiehlt, den Stein
wegzurollen**.

Wieso befiehlt Jesus?
Sie haben mit der Trauer
zu tun.

Doch du, liebe Marta, so praktisch und direkt wie du
immer schon warst, machst Jesus darauf aufmerksam,
dass nach vier Tagen in der Hitze die Verwesung schon
in vollem Gange ist: »Herr, er stinkt schon« (Johannes
11,39).
Das ist unumkehrbar. Da ist absolut gar nichts mehr
zu machen.

Doch Jesus lässt sich nicht von seinem Vorhaben abbringen. Er verlangt, dass der Stein weggehoben wird. Eigentlich ist das ein schweres Vergehen gegen den Schutz der Grabesruhe. Nur einer hat das Recht, ein Grab zu öffnen: Gott allein, wenn er zur Auferstehung der Toten ruft.

Für den Evangelisten Johannes ist klar: Es ist kein anderer als Gott selbst, der aus dem Munde Jesu ruft: »Lazarus, komm heraus!« (Johannes 11,43).

Und das unfassbare Wunder geschieht!

Lazarus tritt aus seinem Grab heraus – mitsamt den Tüchern, mit denen sein Leichnam eingewickelt und bedeckt war.

Jesus schenkt deinem Bruder das neue Leben! Liebe Marta, dein Glaube an Jesus, den Christus Gottes, wird auf unübertroffene Weise bestätigt.

»Glaubst du, dass ich die Auferstehung und das Leben bin?« (Johannes 11,26)

So hat dich, liebe Marta, Jesus gefragt, als er in Bethanien eintrifft. »Glaubst du, dass du leben wirst, auch wenn du stirbst? Glaubst du das?« (vgl. Johannes 11,25)

So wirst nicht nur du, liebe Marta, gefragt, sondern auch jeder von uns. Glaubst du das?

Das zu glauben ist schwer in einer Welt, in der geliebte Menschen leiden und sterben, in der uns der Gestank der Endlichkeit immer wieder stechend und beißend in der Nase liegt.

Ich denke, liebe Marta, deine überwältigende Erfahrung mit der Auferweckung deines Bruders kann uns helfen, Jesu Zusage Glauben zu schenken, wenn er sagt: »Ich bin die Auferstehung und das Leben. Wer an mich glaubt, der wird leben, auch wenn er stirbt« (Lukas 11,25).

Starker Glaube wirft gleichzeitig große Zweifel auf.

Die Auferweckung deines Bruders Lazarus geht
Jesu eigener Auferweckung voraus. Sie ist viel
anschaulicher, deutlicher und transparenter als
Jesu Auferweckung am Ostermorgen, die sich im
Verborgenen vollzieht.

Du, liebe Marta, bist die kraftvolle Zeugin dieser
überwältigenden Erfahrung gewesen. Du machst uns
Mut, dem Glauben an die Auferstehung zu vertrauen.
Dafür danke ich dir und grüße dich herzlich.

Dein
Pfarrer Steffen Hunder

Die Kommentare sind von:
Doris Nautsch und Helga Warm

Beruf:
Ehrenamtliche Mitarbeiterinnen für Seniorenarbeit
in der Altstadtgemeinde

Wir machen hier mit, weil ...
wir schon in unserer Kindheit durch unser
Elternhaus christlich geprägt wurden.

Brief an Judas – der am Verrat zerbrach

Lieber Judas,

dir zu schreiben, finde ich gar nicht so einfach. Denn das Urteil über dich scheint festzustehen. Du bist für 30 Silberlinge zum Verräter geworden. Mit einem Kuss liefertest du deinen Freund Jesus den Römern ans Messer. Aus dem liebevollen Zeichen der Freundschaft wurde durch dich das Signal des größten Verrats. Das stempelt dich zum übelsten Verräter aller Zeiten ab.

Was ist dir in diesem Moment nur durch den Kopf gegangen?! Hast du dich geschämt? Was trieb dich bloß dazu, den Mann auszuliefern, den du so glühend verehrt hast? Ich will einfach nicht glauben, dass du aus bloßer Geldgier so gehandelt hast. Ich stelle mir vor, diese Begegnung mit Jesus im Garten Gethsemane war ein Moment von ungeheuerlicher Intimität. Du hast den Arm um Jesus gelegt und ihn fast zärtlich mit deinem Mantel eingehüllt. Mit leicht nach vorne gepressten Lippen hast du dich Jesus genähert. Eure Blicke versanken ineinander. Ihr wusstet beide, was jetzt passiert und was noch geschehen wird.

Dann gabst du ihm den Bruderkuss, und das Unheil nahm seinen Lauf. Die Soldaten stürmten los und verhafteten Jesus. Dein Auftrag war erfüllt. Doch ich kann mir nicht vorstellen, dass du darüber froh gewesen bist. Denn Jesus ließ sich ohne Widerstand in Ketten abführen. Er demonstrierte den Römern gegenüber nicht seine göttliche Macht.

Wie gelähmt und ohnmächtig warst du. Du verstandest die Welt nicht mehr. Das konnte es doch nicht gewesen sein! So hattest du dir das nicht vorgestellt.

Jesus wehrlos gefangen in den brutalen Händen
der römischen Schergen. Was war aus dem Mann
geworden, der dich so faszinierte. Ihn zeichnete die
besondere Ausstrahlung großer Anführer aus. Sein
Auftreten war von großer Stärke und Souveränität
geprägt.
Tief berührt und sehr stolz warst du, als Jesus
dich zum Jünger berief. Er weckte in dir die große
Hoffnung, der verheißene Messias zu sein, der euch
endlich vom Joch der Römer befreite. »Welch eine
Ehre«, so dachtest du oft, »mit einem solchen Mann
unterwegs zu sein!« Voller Bewunderung erlebtest du
mit, wie Jesus wirkte. Er redete mit einer Autorität, die
sonst niemand hatte. Er heilte alle möglichen Kranken.
Kein Gebrechen war ihm zu groß. Sogar Tote konnte
er aufwecken. Aber nicht nur das, Jesus hatte auch
Macht über Dämonen. Keiner konnte ihm widerstehen.
Faszinierend war, wie auch Wind und Wetter seinem
Wort gehorchten.
Für dich gab es keinen Zweifel, dieser Mann wurde
euch von Gott geschickt. Seine Kraft, seine Macht,
seine Stärke! Alles sprach dafür, dass Gott mit ihm
im Bunde war. Und dann gab er noch 5000 Leuten zu
essen. Fast aus dem Nichts! Für dich war klar, Jesus
hat das Zeug zum perfekten Messias, um der große
Anführer und Befreier Israels zu werden. Mit all
seinen Anhängern würde er die Römer locker aus dem
Land jagen.
Doch etwas störte dich immer wieder. Jesus war
nicht dauerhaft so stark. Immer wieder zog er sich in
die Einsamkeit zurück und betete. Vor allen Dingen
wandte er sich den Schwachen, Armen und Kranken
zu. Er ging gerne zu den einfachen Leuten. Aber leider
Gottes suchte er nicht die Konfrontation mit den
Römern. Er war dir zu wenig politisch. Vielmehr ging

er auf Konfrontationskurs mit den eigenen religiösen Führern. Schade eigentlich.

Dir, lieber Judas, wäre es lieber gewesen, wenn sich Jesus mit den Pharisäern und Priestern gegen die römischen Besatzer verbündet hätte. Jesus war für dich einfach schwierig einzuordnen. Er war oft stark und souverän. Aber es zog ihn nicht zur Macht und zum Herrschen.

Plötzlich bist du, lieber Judas, so richtig stutzig geworden: Denn Jesus begann davon zu reden, dass er leiden und sterben muss. So etwas schräges, unverständliches hattest du noch nie gehört. Das konnte doch nicht wahr sein! Auch Petrus war entsetzt: »Jesus, Gott bewahre dich davor!« **Doch Jesus wies Petrus radikal ab** und nannte ihn Satan. »Du hast rein menschliche Vorstellungen von mir«, warf ihm Jesus vor, »und verstehst nicht, worin Gottes Plan besteht.«

Noch zweimal erzählte Jesus dir und den anderen Jüngern, dass er leiden und sterben muss und zwar ausgerechnet wegen eurer religiösen Führer. Niemand von euch verstand das. Am allerwenigsten du, lieber Judas. Du warst von dem Gedanken beseelt, mit Jesus als Messias bricht eine neue Zeit an ohne Herrschaft der Römer.

Doch die Gespräche mit Jesus verliefen ganz anders. Als zwei Jünger Jesus darum baten, in der ewigen Welt links und rechts von seinem Thron zu sitzen, wies er sie schroff zurecht: »Wer wirklich groß sein will, soll dienen, anderen dienen. Das ist wahre Größe. Und ich selbst habe nur diese eine Aufgabe, zu dienen. Darum werde ich sogar mein Leben opfern, um Menschen dadurch zu erlösen.«

Als du das hörtest, lieber Judas, da läuteten bei dir alle Alarmglocken. »Das ist doch Wahnsinn!«, schoss

Unmut kommt auf, wenn Menschen nicht abgeholt werden.

es dir durch den Kopf. »Das darf doch nicht sein! Ich bin doch nicht einem Anführer gefolgt, damit dieser am Schluss einfach stirbt. Einen solchen schwachen Führer kann ich nicht brauchen. Ich will einen richtigen Messias. Einen starken, der kämpft und siegt, Israel befreit und herrscht.«

Und dann macht sich Jesus nach Jerusalem auf. Und du, lieber Judas, spürst, dort wird die Entscheidung fallen. Vielleicht wendet sich das Blatt und Jesus wird doch noch König von Israel. Für einen Moment hast du Hoffnung. Jesus reitet mit einem Esel in die Stadt hinein. So wie es die alten Propheten über den Messias geschrieben haben. Und das Volk jubelt ihm zu. Alle sind für ihn. Jetzt wäre die Möglichkeit, die Macht zu ergreifen. Doch Jesus nützt die Gelegenheit nicht. Wieder nicht. Er lässt das Volk heimgehen.

Großen Reden sollten auch Taten folgen ...

Du, lieber Judas, bist tief enttäuscht. Jetzt ist dir klar, Jesus wird nicht der starke Messias sein. Das, was er angekündigt hat, das wird immer wahrscheinlicher. Sein Leiden und Sterben rücken näher. Vor allem, seit du weißt, was der Plan eurer religiösen Führer ist. Sie wollen Jesus unbedingt festnehmen und töten lassen. Da willst du deinem Meister ganz sicher nicht nachfolgen. Nicht einem »Looser«, der bereit ist, ohne Kampf zu sterben. Du willst nicht zu den Schwachen und Verlierern gehören. Aber die Gefahr besteht. Wenn die führenden Priester Jesus umbringen wollen, dann habt auch ihr als seine Jünger ein Problem. Du spürst, dass es am besten ist es, das sinkende Schiff rechtzeitig zu verlassen. »Ich muss die Fronten wechseln, bevor es zu spät ist«, sagst du dir. »Wenn ich den religiösen Führern helfe, Jesus festnehmen zu können, dann stehe er wieder ganz gut da. Und ich gehöre wieder zu den Stärkeren. Vielleicht springt dabei für mich auch noch eine Stange Geld heraus. Das wäre auch nicht das Schlechteste.«

Lieber Judas, das hat alles hingehauen. Der Deal kommt zustande. Du bekommst ein Monatsgehalt, wenn du Jesus festzunehmen hilfst. Du bist zufrieden. Allerdings so einfach war es dann doch nicht. Es kostete dich viel Überwindung, den Meister zu verraten. Ihm in die Augen zu schauen und ihn dann zu küssen. So viel Heuchelei! Aber du bist nicht schwach geworden. Manchmal muss man im Leben einfach stark sein und etwas durchziehen.

Die Nachricht von Jesu Verhaftung schlägt wie eine Bombe ein. Jesus wird zum Tode verurteilt. Das wühlt dich, Judas, ganz auf. Du weißt gar nicht genau warum. Du hast doch gewusst, dass das passieren wird. Trotzdem bist du ganz außer dir.

Vielleicht hatte Judas die Hoffnung, dass Jesus doch noch Stärke beweist ...

Du musst immer wieder an Jesus denken, wie er dich beim Verrat angeschaut hat. In seinen Augen war kein Vorwurf, nur Trauer und Liebe. Ja, Jesus war wirklich durch und durch ein guter Mensch. Er hat nie etwas Böses gewollt und gemacht. Dir gehen die gemeinsamen Jahre mit Jesus durch den Kopf. Auch zu dir war Jesus immer gut, als ihr mitein- ander unterwegs wart, geredet und gegessen habt. Jesus strahlte Frieden, Weisheit, Wohlwollen aus. In seiner Nähe fühltest du dich gut und geborgen. Irgendwie war es, als würdest du dich bei Jesus Gott nahe fühlen. Und jetzt ist Schluss! Deinetwegen.

»Wie konnte ich das nur tun?«, schleicht sich der Zweifel ein. Du fühlst dich auch einmal durch und durch schlecht. Es stimmt zwar, du bist von Jesus auch enttäuscht worden.

Er war nicht der Messias, den du dir gewünscht hast.
»Aber ich hätte ihn deswegen doch nicht verraten
müssen«, durchzuckt es dich. »Jetzt bin ich schuld,
dass Jesus getötet wird, der mir so viel Gutes gegeben
hat.« Schreckliche Selbstvorwürfe quälen dich: »Was
nützt mir jetzt das Geld, jetzt wo ich keinen Frieden
mehr habe? Ich würde alles Geld in der Welt geben,
wenn ich dafür meine Tat rückgängig machen könnte.
Wie soll ich jetzt noch weiterleben können? Ich muss
unbedingt zu den Priestern gehen. Wenigstens das
Geld zurückgeben, das verfluchte Geld loswerden.
Vielleicht können sie mir dafür etwas sagen, was mir
meinen Frieden zurückbringt.«
Doch die Begegnung mit den Priestern macht es
nur noch schlimmer. Sie wollen das Geld nicht. Und
sie sagen dir, du musst selber schauen, wie du mit
deiner Schuld fertig wirst. Nie mehr wirst du Jesus
um Vergebung bitten können. Du hältst es nicht aus,
Schuld am Tod deines Meisters zu sein. Sie ist zu groß.
Sie erdrückt dich.
Du wolltest stark sein und zu den Starken gehören.
Und jetzt fühlst du dich so schwach, wie noch nie
zuvor. Deine Verzweiflung ist abgrundtief. Deine Seele
schreit: »Du bist der elendste Mensch auf Erden. Für
mich gibt es keinen Ausweg mehr. Nur noch einen:
sterben. Wenn Jesus stirbt, dann muss ich das auch.
Einen starken Ast und einen Strick werde ich wohl
noch finden.«

Ja, lieber Judas, du hast deinem Leben ein Ende
gemacht, weil der Abgrund zu tief war, in den
du geblickt hast. Welch eine furchtbare Tragik steckt
in deinem Leben! Du hast den Weg, den Jesus ans
Kreuz gegangen ist, für **eine unzumutbare Schwäche
und unerträgliche Zumutung** gehalten.

Stärke ist, sich seiner
Verantwortung zu stellen,
nicht aufzugeben.

Doch gerade weil Jesus am Kreuz gestorben ist, hättest du, lieber Judas, nicht sterben müssen. Weil sich Jesus für die Schuld der Welt hat richten lassen, hättest du, Judas, dich nicht selber richten müssen. Die Schwäche, von der du dich abgewandt hast, wäre deine Stärke geworden. Das Leiden und Sterben Jesu, das du nicht annehmen konntest, hätte dir das Leben retten können. Das sinkende Schiff, das du verlassen hast, hätte dich in deinem Sturm der Verzweiflung tragen können.

Die Schuld, die du wegen Jesus auf dich geladen hast, hätte gerade Jesus am Kreuz dir vergeben können. Doch leider Gottes konntest du diese befreiende Erfahrung nicht mehr machen. Das ist die große Tragik deines Lebens, lieber Judas.
Trotzdem bin ich zutiefst davon überzeugt, gerade du bist in die gütigen und barmherzigen Hände Gottes gefallen.

In diesem festen Vertrauen grüße ich dich herzlich

Dein *Pfarrer Steffen Hunder*

Die Kommentare sind von:
    Ingmar Mans

Beruf:
    Geschäftsführer

Ich mache hier mit, weil ...
    ich eine tiefe Verbundenheit mit Steffen habe.

Brief an den Zöllner Zachäus, der vom Betrüger zum Menschenfreund wurde

Lieber Zachäus,

du hattest einen der lukrativsten Jobs im alten Israel. Du warst in der Stadt Jericho Zolleintreiber für die römischen Besatzer. Jeden Tag warteten schon am frühen Morgen Menschen vor deinem Zollhaus unten am Jordanfluss. Das ist dort, wo der Fluss breit und flach ist, damit ihn die Leute auch mit ihren Eselskarren durchqueren können. Auch du bist jeden Morgen da. Du gehst von einem zum anderen und nennst die Zollgebühr, die zu bezahlen ist. Danach setzt du dich zufrieden an deine Kasse bei der Zollschranke.

Wer bestimmt den Preis überhaupt?

Einige der Leute maulen leise vor sich hin. Andere machen ihrem Ärger lautstark Luft: »Dieser Zachäus ist ein mieser Betrüger und übler Römerfreund! Der haut uns ständig übers Ohr und knüpft uns viel mehr Zollgebühren ab, als nötig wäre.
Doch wir haben keine Wahl. Wir müssen zahlen und bluten! Der kann froh sein, dass ihn die römischen Soldaten beschützen! **Sonst würden wir ihm zeigen, was wir mit Betrügern machen.** Ein Glück nur, dass wir so einen nicht zum Freund haben müssen!« Die anderen nicken zustimmend.
In diesem Moment hebst du, lieber Zachäus, deinen Kopf. Den letzten Satz hast du mitbekommen. Das trifft dich hart. Denn genau das ist dein Problem.
Du bist zwar ein reicher Mann, aber Freunde hast du nicht. Denn mit Geld kann man sich nicht unterhalten, spielen und feiern.

ES WAR DOCH NICHT JEDER RÖMER EIN BÖSER RÖMER, ODER?

Selbstjustiz ist im heutigen Rechtsstaat aber nicht mehr ehrenhaft.

»Ich pfeif' doch auf eure Freundschaft«, rufst du böse zurück. Doch du weißt genau, das Gegenteil ist richtig. Sehr gerne hättest du Freunde, mit denen du lachen und feiern könntest. Aber dir ist klar, mit dir will niemand befreundet sein. »**Die halten ja doch alle zusammen und sind gegen mich**«, denkst du bitter. »Dann sollen sie eben bluten und den teuren Zoll zahlen!«

Das hast du dir vielleicht auch selbst zuzuschreiben.

Nach einer Weile hebst du noch einmal den Kopf und lauschst aufmerksam hin, was die Wartenden sagen. Sie reden von einem Mann, der umherreist, den Menschen von Gott erzählt und denen hilft, die in Not sind. Sie erzählen auch von den Freunden, die dieser Mann um sich gesammelt hat. Vor allem berichten sie, dass zu ihm auch solche gehören, mit denen die anderen nichts zu tun haben wollen. »Das sind ja wohl solche Leute wie ich«, denkst du, Zachäus. Du spitzt noch aufmerksamer deine Ohren.

Das könnte interessant sein!

Als du mitbekommst, dass Jesus am Abend nach Jericho kommen soll, wird dir klar: Den will ich auch erleben. Aufgeregt wartest du, bis es endlich soweit ist. Dann schließt du deine Zollschranke und machst dich auf den Weg in die Stadt. Angenehm ist das nicht für dich. Denn viele blicken dich feindselig mit zugekniffenen Augen an. Niemand grüßt dich oder redet mit dir. Und je näher du zum Marktplatz kommst, desto enger wird das Gewühl der Menschen und desto unangenehmer für dich.

»Was will denn der hier«, hörst du die Leute tuscheln, »der hat doch hier gar nichts verloren!« Plötzlich geht nichts mehr weiter. Weil du ziemlich klein bist, musst du dich auf die Zehenspitzen stellen und den Kopf recken, um etwas zu sehen. Die Leute lachen über dich. Das ärgert dich mächtig. **Aber du willst unbedingt zu diesem Jesus.**

Kein Mensch sollte sich ausgegrenzt oder ausgestoßen fühlen.

Bist ja mutig und neugierig.

Du spürst tief in dir: Er kann mir helfen. Panik steigt in dir auf. Dir schießt durch den Kopf: »Wenn ich hier im Gedränge stecken bleibe, dann ist alles umsonst.« Ratlos schaust du dich nach allen Seiten um, suchst fieberhaft nach einer Lösung. Da entdeckst du Bäume mit Ästen, die fast bis zum Boden reichen. Schnell läufst du zu einem hin, der nahe an der Straße steht und **kletterst hinauf**. Die Leute zeigen auf dich, lachen noch mehr, machen üble Witze über dich. »Schaut ihn euch an, den kleinen Mann, wie er mit seinen kurzen Beinen eifrig klettern kann!«

Man muss sich nur zu helfen wissen.

Das ist ja fast eine Beleidigung.

Aber dich, lieber Zachäus, stört das jetzt überhaupt nicht. »Sollen sie doch ruhig dumm reden«, denkst du. »Ich will Jesus auf keinen Fall verpassen. Ich will ihn unbedingt sehen und erleben!« Du sitzt auf deinem Ast und wartest ganz gespannt darauf, was passiert. Von hier oben hast du einen guten Überblick. Endlich siehst du Jesus, wie er in die Stadt einzieht. Die Leute jubeln ihm voller Freude zu. »Hosianna«, rufen sie. »Gelobt bist du. Du bringst uns Gottes Segen. Dafür danken wir dir!«

Fast wie bei einem Konzert von Robbie Williams!

Dir, lieber Zachäus, wird ganz warm ums Herz. »Was für ein Mann«, geht es dir durch den Kopf. »Er bringt die Leute ganz aus dem Häuschen. Toll, dass ich das miterleben darf!«

Und dann geschieht das Unglaubliche. Jesus bleibt vor deinem Baum stehen. Er schaut hinauf und ruft: »Zachäus, komm herunter, ich habe Zeit für dich, ich will mich mit dir unterhalten!«

Du hörst noch, wie die Leute unwillig murren und Jesus davon abhalten wollen, sich auf dich einzulassen. Aber da bist du schon unten bei Jesus.

GALANTE »SELBSTEINLADUNG«

»Wenn es dir so wichtig ist, mich zu sehen«, sagt Jesus, »dann lade mich doch in dein Haus ein. Dort können wir ungestört miteinander reden!« Dir, lieber

Zachäus, bleibt vor Erstaunen der Mund offen stehen.
Das hattest du in deinen kühnsten Träumen nicht
erwartet. Und es wird noch unglaublicher!Als du Jesus
und seine Jünger voller Freude zu deinem Haus führst,
sagt Jesus zu dir: »**Gott will, dass alle Menschen
Freunde haben.** Lass uns damit anfangen. Wenn du
willst, können wir gute Freunde sein!« - »Ja, gerne!«,
antwortest du vollkommen perplex. Mehr bekommst
du in deiner staunenden Verwunderung nicht heraus.

Momentan ist Integration wichtiger denn je!

Du kannst es kaum fassen, was mit dir geschieht.
Jetzt widerfährt dir das, wonach du dich so lange
gesehnt hast. Endlich bietet dir jemand seine
Freundschaft an. Endlich reicht dir jemand die Hand
und will mit dir verbunden sein. Das haut dich um,
lieber Zachäus. Diesen Abend mit deinen Gästen wirst
du nie mehr vergessen. Ihr esst, trinkt und lacht
miteinander. Jesu Jünger erzählen davon, wie schön
es ist, ihn zum Freund zu haben.

Aber dann wird dir, lieber Zachäus, plötzlich klar,
bald werden diese wunderbaren Stunden vorbei sein.
Die bange Frage treibt dich um: »Wie soll es dann
weitergehen?« Bei diesem Gedanken wird es dir ganz
schwer ums Herz.
»**Ich bin glücklich darüber, dass du mein Freund
geworden bist**«, sagst du zu Jesus, »aber Morgen muss
ich wieder zu meiner Zollstation gehen. Es kann doch
nicht wieder genauso sein wie vorher!« Du denkst eine
Weile nach und redest dann weiter: »Dich mögen ja
die Leute. Und weil ich jetzt dein Freund bin, hören sie
vielleicht auf mich, wenn ich ihnen einen Vorschlag
mache. Und wenn ich ihnen all das Geld doppelt und
dreifach zurückgebe, das ich ihnen zu viel abverlangt
habe, ... meinst du, dass sie mir dann verzeihen

Freundschaften muss man pflegen.

**Nur Mut zur
Veränderung!**

können und wir wieder gut miteinander auskommen?«

»Das kann ich mir gut vorstellen«, antwortet Jesus.

»Ich bin dein Freund, und das bedeutet, auch Gott ist dein Freund. Und deshalb werden sie mit sich reden lassen. Hab keine Angst!

Den Schritt auf die anderen zu musst du alleine gehen. Aber unsere Freundschaft macht dich stark, und Gott ist auf deiner Seite!« Diese Worte Jesu sind wie Balsam für deine ängstliche Seele. Lange sprecht ihr noch miteinander, dann ist dieser aufregende Tag zu Ende.

Am nächsten Morgen ist es an deiner Zollstation anders als früher. Einige Leute schauen dich jetzt neugierig an. Sie fragen dich: »Hat die Begegnung mit Jesus dich verändert?« Andere sind misstrauisch und fragen skeptisch: »Na, wie ist es denn jetzt mit den überhöhten Zollgebühren, wenn du ein Freund von Jesus bist?«

Ob sich die Veränderung wirklich so schnell zeigt?

Da fasst du dir, lieber Zachäus, ein Herz. Du nimmst einen Beutel mit Geld, den du dir schon zurechtgelegt hast. Dann gehst du auf die Leute zu und fängst an mit ihnen zu reden.

»Liebe Bewohner von Jericho, die Begegnung mit Jesus hat mir die Augen geöffnet und mir gezeigt, was wirklich wichtig ist im Leben. Nicht Reichtum und Besitz sind das Wichtigste im Leben, sondern **echte Freundschaft und liebevolle Gemeinschaft**. Beides hat mir Jesus geschenkt, obwohl ich es nicht verdient hatte. Das hat mein Leben wirklich reich gemacht! **Teilen macht reicher** und nicht ärmer. Das habe ich von Jesus gelernt. Deshalb gebe ich den Menschen, die in der Stadt arm sind, die hungern, frieren und kein Dach über dem Kopf haben, die Hälfte meines Geldes. Und den Menschen, die ich am Zolltor betrogen und ihnen zu viel abgenommen habe, zahle ich das Vierfache von dem zurück, das ich genommen habe.

Darüber sollte sich nicht nur Zachäus Gedanken machen.

Auch wir müssen wieder mehr teilen lernen. Reichtum ist nicht gottgegeben!

Ich weiß, wenn ich das getan habe, dann bin ich ärmer.
Aber ich bin auch glücklicher. Denn niemand hat dann
mehr einen Grund, mich zu verachten. Dann kann
ich endlich wieder Freunde finden, die zu mir stehen
und mit mir durch dick und dünn gehen. Das ist ein
großartiges Gefühl!«

Das freut mich für dich, lieber Zachäus! Ich grüße dich
herzlich!

Dein *Pfarrer Steffen Hunder*

Die Kommentare sind von:
Thomas Kutschaty

Beruf:
ehem. NRW-Justizminister

Ich mache hier mit, weil ...
das Mal etwas anderes ist!

Brief Maria, die Mutter Jesu

Liebe Maria,

heute singt ein Männerchor in unserem Gottesdienst, aber du gibst den Ton an! Mit deinem großartigen Loblied stimmst du eine atemberaubende Sinfonie über das wahre Wesen Gottes an! Du hast erkannt – noch bevor dein Sohn Jesus zur Welt kommt –, wer oder was Gott ist! Und das Spannende dabei ist, dazu hast du weder Priester noch Politiker noch irgendwelche hochgestellten Persönlichkeiten gebraucht! Aus einer inneren Freiheit heraus sprichst du – als einfache Frau und werdende Mutter – die Wahrheit!
Ohne Scheu vor den Menschen das auszusprechen, was dir dein Herz gebietet, gewährst du uns einen Einblick in die unbegreifliche und unermessliche Tiefe des wahren Wesens Gottes.

»Meine Seele preist die Größe des Herrn«, singst du überschwänglich, »und mein Geist jubelt über Gott, meinen Retter. Denn auf die Niedrigkeit seiner Magd hat er geschaut. Siehe, von nun an preisen mich selig alle Geschlechter. Denn der Mächtige hat Großes an mir getan, und sein Name ist heilig. Er erbarmt sich von Geschlecht zu Geschlecht über alle, die ihn fürchten. Er vollbringt mit seinem Arm machtvolle Taten: Er zerstreut, die im Herzen voll Hochmut sind; Er stürzt die Mächtigen vom Thron und erhöht die Niedrigen. Die Hungernden beschenkt er mit seinen Gaben und lässt die Reichen leer ausgehen. Er nimmt sich seines Knechts Israel an und denkt an sein Erbarmen, das er unsern Vätern verheißen hat, Abraham und seinen Nachkommen auf ewig.«

Lukas 1,46-55

»Er stürzt die Mächtigen vom Thron.« Das Magnificat ist revolutionär.

Bitte, warum? Aber, Magd und Knecht, welche Unterwürfigkeit, welche Feudalsprache.
»Humilitas« – Demut in der lateinischen Fassung finde ich dagegen großartig (Lukas I, Vers 46–55)

Bemerkung zu meiner Person: Während des Staatsexamens an der Musikhochschule Köln musste ich, Fräulein Storb, das »Verlassene Mägdlein« von Hugo Wolf singen.

Früh, wann die Hähne kräh'n,
Eh' die Sternlein schwinden,
Muss ich am Herde stehn,
    Muss Feuer zünden.

Träne auf Träne dann
    Stürzet hernieder;
O, käm' der Tag heran –
    O ging er wieder!

Dein Lied, liebe Maria, lässt einem den Atem stocken!
Du bringst Seiten Gottes zum Klingen, die alles
andere als lieblich und süßlich sind, so wie oft unsere
heutigen Weihnachtslieder.
Hier steht nichts vom »holden Knaben im lockigen
Haar!« Oder vom »süßer die Glocken nie klingen, als
zu der Weihnachtszeit!«
Nein, dein Lobgesang, liebe Maria, schlägt andere
Töne an! »Er stürzt die Mächtigen vom Thron«,
singst du. »Er lässt die Reichen leer ausgehen!« Das
ist ganz schön starker Tobak, den du uns zumutest,
liebe Maria! »Wollen wir das überhaupt?«, frage ich
skeptisch! Ja, schimpfen und lamentieren über die da
oben, das machen wir ausgiebig und gerne! Aber die
Leute gleich absetzen und **in die Wüste jagen**, da sind
wir schon etwas vorsichtiger.
Oft höre ich den Satz: »Ist doch ganz egal, wer uns
regiert. Die sind doch alle gleich! Ob rot, ob grün, ob
schwarz oder gelb, Hauptsache es stimmt die Sache
mit dem Geld!«
Ja, Maria, motzen und beschweren, das machen wir
alle gerne, aber deshalb gleich die Leute von der
Regierungsbank stürzen, nein, das ist unsere Sache
nicht! Das ist zu revolutionär, zu umstürzlerisch! So
wörtlich wollen wir dich dann doch nicht nehmen.
Anfangs, als die ersten Christen selber noch die
Armen und Verfolgten waren, da haben sie deinen
Lobgesang als den ihren angesehen und haben sich
damit getröstet in den Häusern, in denen sie sich
versteckt haben vor den römischen Soldaten.
Aber der Umgang mit deinem Lied hat sich schnell
geändert! Das Christentum ist Staatsreligion
geworden! Konstantin der Große lässt im 4. Jahr-
hundert über der **ärmlichen Geburtsgrotte**, in der du,
liebe Maria, deinen Sohn zur Welt gebracht hast,

> Gott sei Dank aktuell auch Gospel, wie »Study war no more« oder das wunderbare »Peace« von Horace Silver. Übrigens sehr empfehlenswert: Ernest Bornemann »Das Patriarchat – 6000 Jahre Männerherrschaft, 6000 Jahre Krieg.«

> Gar nicht schlecht. Als Auszeit und zur Besinnung. Vgl. Jesus in der Wüste und der Satan als Verführer »Wenn Du niederfällst und mich anbetest, gebe ich Dir die ganze Welt!« - Jesus: »Weiche von mir, Satan! Was nützt mir die ganze Welt, wenn ich Schaden leide an meiner Seele!« Vertonung: Komposition von Dave Brubeck: Oratorium »The Light in the Wilderness«

> Frage: Grotte? Es heißt doch, in einer Krippe, in einem Stall wurde Jesus geboren. Totales Missverständnis der Mächtigen und späterer Missbrauch der Macht? O Gott, der Papst z.B., die Borgias?

eine gewaltige Kathedrale bauen. Keiner sollte mehr sehen und merken, wie ärmlich, wie bescheiden, wie klein die Geschichte der Menschwerdung Gottes angefangen hat. Eine ärmliche Krippengeburt, wie du sie, liebe Maria, durchlebt hast, passte nicht mehr mit dem Christentum zusammen, das mittlerweile eine Liason mit der Staatsmacht eingegangen war.

So entstand in Bethlehem – diesem kleinen Ort, wo Gott ein Mensch aus Fleisch und Blut geworden ist – eine gewaltige Sakralanlage, die immer wieder ausgebaut wurde. Dort, wo du, liebe Maria, unter unwürdigen Verhältnissen deinen Sohn zur Welt gebracht hast, prunkten jetzt Macht und Reichtum! An die niedrige Herkunft deines Sohnes, liebe Maria, Gottes Geschenk für unsere Welt, **wollte keiner mehr erinnert werden**. Damit ließ sich im wahrsten Sinne des Wortes kein Staat machen! Was konnte das nun noch heißen: »Er stürzt die Mächtigen vom Thron?« Wer wollte das jetzt noch singen: »Er erhebt die Niedrigen!« Das war nun sozusagen erfüllt! Die Christen waren jetzt oben! Sie hatten das Sagen!

Aber, liebe Maria, du weißt es und wir wissen es auch: In Wahrheit galt dies nur für ganz, ganz wenige! Trotz oder vielleicht sogar wegen der Machtgelüste auch der Christen gab und gibt es weiterhin schreiendes Unrecht in der Welt. Es gab und gibt Niedrige und Arme, Menschen, **die auf den machtvollen Arm Gottes warteten und warten**, und, leider Gottes, nur den machtvollen Arm der Regierungen spürten und spüren.

Aber, liebe Maria, Gott sei Dank, entdeckten die, die unten waren, deinen Lobgesang als ihr Lied! Sie schlugen die Bibel auf und hörten deinen über- schwänglichen Gesang:

Wirklich keiner? Es gab doch christliche Orden, wie z.B. die Franziskaner oder Martin Luther.

Ein altes Sprichwort lautet »Hilf Dir selbst, dann hilft Dir Gott.« Gott ist die Liebe, jeder kann Liebe verbreiten.

»Meine Seele preist die Größe des Herrn und mein
Geist jubelt über Gott, meinen Retter! Denn auf die
Niedrigkeit seiner Magd hat er geschaut. Siehe, von
nun an preisen mich selig alle Geschlechter! Und
er vollbringt mit seinem Arm machtvolle Taten: Er
zerstreut, die im Herzen voll Hochmut sind. Er stürzt
die Mächtigen vom Thron und erhöht die Niedrigen.
Die Hungernden beschenkt er mit seinen Gaben und
lässt die Reichen leer ausgehen!«

Die großartigen Worte, liebe Maria, die wie eine Sinfo-
fonie der Befreiung klingen, haben den Entrechteten
und Entwürdigten, den Unterdrückten und Gede-
mütigten Trost, Hoffnung und Kraft gegeben! Das galt
und gilt auch in besonderer Weise für diejenigen, die
durch **die Kirche selbst unterdrückt wurden** – und
davon gab es viele und gibt es auch heute noch!

Hexenverbrennungen,
Inquisition, Kreuzzüge
früher, Sexualmissbrauch,
Veruntreuung, Verschwendung
heute. Ich hoffe, der neue
Papst Franziskus reformiert
die katholische Kirche
gründlich »Gott ist nicht
katholisch«, sagte neulich ein
Vatikansprecher in einer Talk-
Show. Und das Nummernschild
der Vatikanautos »Status
Civitatis Vaticanae« (deutsch:
Staat der Vatikanstadt),
abgekürzt SCV, wird durch
die Römer ironisiert, nämlich
»Si Christus vedisse.«
(Wenn Christus das sähe).

So war das zum Beispiel in Paris um das Jahr 1200.
Zwischen Weihnachten und Neujahr wurde da ein Nar-
renfest gefeiert. Das Unterste wurde zuoberst gekehrt.
Da durften alle, die sonst dienen mussten, einmal tun,
was sie wollten. Sie wählten aus ihren eigenen Reihen
einen »Bischof«, führten ihn unter Gesang in die
Kirche und legten ihm Gewänder um. Dann zelebrierte
er die Messe, machte dabei absichtlich groteske Fehler
und zog damit die **Liturgie ins Lächerliche.**
An diesem Tag hatten die Knechte alle Freiheiten. Sie
spielten unter sich König und Herren, gingen in Purpur
gekleidet, erschienen in der Kirche mit Tiermasken
und als Gaukler. Am Altar opferten sie anstatt mit
Weihrauch mit altem Stiefelleder. Statt der Choräle
sangen sie **schmutzige Lieder.** Statt der Hostie genos-
sen sie beim parodierten Abendmahl fette Würste.
Manchmal trieben sie es noch weiter – aber das trau
ich mich hier gar nicht zu erzählen …

Ventil hin, Ventil her,
das muss nicht sein.
Hinweis: Karla Fohrbeck,
»Wir Eingeborenen« – der
Kannibalismus bei Brot- und
Wein-Verzehr.
Wir trinken das Blut Christi und
essen seinen Leib. Ich weiß,
das ist symbolisch gemeint,
aber trotzdem. Ob Christus
das wirklich so gesagt hat?
»Das ist mein Leib,
das ist mein Blut.«

Wohlgemerkt: Das spielte sich alles *in* der Kirche ab!
Da ging ein Ventil auf, und es kam einmal alles heraus,
was sich aufgestaut hatte. Der Höhepunkt des Festes
aber war immer dein Lobgesang, liebe Maria! Das
ganze Volk sang ausgelassen: Er stürzt die Mächtigen
vom Thron! Und dann – wie unabsichtlich – blieben
sie immer wieder an dieser Stelle hängen: Er stürzt
die Mächtigen vom Thon! Er stürzt die Mächtigen
vom Thon! ... und hörten damit nicht auf, bis auch
der Letzte verstanden hatte, was darin für Zündstoff
steckt.

Das wurde den Mächtigen bald zu viel. So verordnete
der Erzbischof von Paris, das »Er-stürzt-die-Mächtigen-
vom-Thron« dürfe nicht öfter als fünfmal wiederholt
werden, dann müsse es aber weitergehen!

So ist das, liebe Maria! Wenn man einmal richtig verstanden hat, was du singst, dann geht das wirklich
unter die Haut! Dann merken es sogar die, die gerne
oben bleiben möchten!

In unserer eigenen deutschen Geschichte gibt es dazu
ein sehr beeindruckendes Beispiel. Als 1989 die
Menschen z. B. in Leipzig, in Berlin, in Schwerin und
Bautzen auf die Straßen gingen, um für ihre Freiheit
zu kämpfen, taten sie das **vollkommen gewaltfrei**!
Sie trafen sich zu Friedensgebeten in den Kirchen,
um dort ihrer Hoffnung Ausdruck zu verleihen, dass
dieses Regime, das sie fast 30 Jahre eingesperrt hatte,
die Mauer öffnen würde. In vielen Kirchen, liebe
Maria, wurde damals dein Lobgesang angestimmt!
Nicht, um ihn selbst gewaltsam umzusetzen, nein,
voller Vertrauen darauf, dass die Kraft des Gebetes
und des friedlichen Protestes stärker sein wird als alle
waffenstarrende Staatsmacht!

Und tatsächlich – das Wunder geschah! Mit brennenden Kerzen in den Händen verließen Hunderttausende

> Bravo, Bravo!
> Meine große Bewunderung!
> Der Lobgesang von Maria
> als gewaltfreies
> Erlösungsinstrument.

damals die Kirchen und riefen oft nur einen Satz:
»Keine Gewalt! Keine Gewalt!«
Die Nikolaikirche in Leipzig war eine der bedeutend-
sten Ausgangspunkte für die sogenannten Montags-
demonstrationen! In dem Kino-Film »Nikolai-Kirche«
gibt es eine Schlüsselszene, die zeigt, welche Kraft
Kerzen und Gebete haben. Die Stasi-Offiziere hatten
sich in ihrer Zentrale verschanzt aus Angst, es könnte
zu gewaltsamen Übergriffen durch die Bevölkerung
kommen. Diese hartgesottenen Männer der
Staatssicherheit sitzen in ihren abgedunkelten Räumen
und erleben etwas, was sie nicht für möglich gehalten
hatten.
Die Menschen zogen mit ihren brennenden Kerzen
zum Stasihauptquartier und stellten die brennenden
Kerzen schweigend und absolut friedlich auf die
Eingangsstufen. Niemand donnerte gegen die Tür! Es
flogen keine Steine! Es fielen noch nicht einmal Worte
des Zorns und der Wut! Nur ein Wort machte immer
die Runde!

Keine Gewalt! Keine Gewalt!
Vollkommen überrascht und erstaunt erlebten die
Männer der Staatsgewalt dieses beeindruckende
Schauspiel. Als die friedlichen Menschen am Stasi-
hauptquartier vorbeigezogen waren und Tausende
von Kerzen auf den Eingangsstufen standen, sagte der
Kommandeur zu seinen Leuten: »Mit allem haben wir
gerechnet, nur nicht mit Kerzen und Gebeten! Die –
so seine resignierende Feststellung – haben uns den
Garaus gemacht!«
Wie, liebe Maria, hast du gesungen: »Er stürzt die
Gewaltigen vom Thron und erhöht die Niedrigen!«
Diese großartige und geradezu umwälzende Erfahrung
haben die Menschen 1989 in unserem Land machen

dürfen, weil sie auf die Macht der Gebete und nicht
der Gewalt vertraut haben!

Plötzlich war die Mauer, die uns fast 30 Jahre
getrennt hatte, offen! Plötzlich fielen die Fesseln von
Bespitzelung und Gängelung durch die Staatsgewalt
von den Menschen ab! Plötzlich lagen sich die
Menschen überglücklich in den Armen und erlebten
ein unbeschreibliches Gefühl von Freiheit und
Zusammengehörigkeit!

Ich weiß - und du weißt es auch -, liebe Maria, das
Paradies ist auch nach der friedlichen Überwindung
der Mauer in Deutschland nicht ausgebrochen! Neue
Mauern sind entstanden - nicht aus Stein, aber in den
Köpfen. Mauern aus Neid und Missgunst, Mauern aus
Unverständnis und Ignoranz!

Aber all das ändert für mich nichts daran, dass du,
liebe Maria, uns mit deinem Lied in das Herz Gottes
schauen lässt. Und sein Herz ist offen für die, die an
den Rand gedrückt werden, für die, die unterdrückt
und entwürdigt werden! Davon, liebe Maria, singst du
in deinem Lobgesang!

Dafür möchte ich dir von Herzen danken und meinen
Brief an dich mit einem Gebet beenden, in dem
wir Gott darum bitten, dass er unsere Herzen öffnet,
damit wir füreinander und miteinander leben!

Vater im Himmel, du hast deinen Sohn geschenkt.
Er ist als Menschenkind in unsere Welt gekommen
und unser aller Bruder geworden. Durch ihn können wir
deine Liebe und Herzlichkeit spüren.
Wir bitten dich:
Schenke uns ein sehendes Herz,
damit wir die Not unserer Mitmenschen wahrnehmen.
Schenke uns ein hörendes Herz,
damit wir hören, wenn du zu uns sprichst.

> Angst, Aggression, Gewalt,
> Elend, Krieg – doch
> trotzdem weitermachen!

Schenke uns ein liebevolles Herz, damit wir niemanden
aus unserer Gemeinschaft ausschließen.
Schenke uns ein mitfühlendes Herz, damit Kinder und
Eltern, aber auch Nachbarn und Freunde einander
verstehen lernen.
Schenke uns ein mutiges Herz, damit wir beherzt handeln
können, wenn wir gebraucht werden.
Schenke uns ein weites Herz, damit wir unsere Enge
überwinden und Schritte des Friedens tun können.

*Ein wunderbares Gebet,
mir kommen gerade Tränen
der Rührung und Freude.*

Herzliche Grüße
Dein *Pfarrer Steffen Hunder*

Die Kommentare sind von:
Prof. Dr. Ilse Storb

Beruf:
Professorin für Jazzforschung

Ich mache hier mit, weil ...
ich den Pfarrer Steffen Hunder außerordentlich schätze,
meinen »Lieblingspriester« – und weil die Mutter Gottes,
Maria, auch für meine Mutter und darum auch für mich
ein großes Vorbild war.

»Ave Maria, gratia plena;
Dominus tecum;
benedicta tu in mulieribus,
et benedictus fructus ventris tui, Iesus.
Sancta Maria, Mater Dei,
ora pro nobis peccatoribus
nunc et in hora mortis nostrae.
Amen.«

waren die letzten Worte meiner Mutter.

Und nun zu den Kindern Gottes.
New York, 1991, Kuweit-Krieg gegen den Irak. Mit
Unterstützung durch die USA. Im 14. Stock des
Washington Square Hotels: General Schwarzkopf mit
Raketen im Fernsehen.
Ich bin erschüttert und entsetzt! – Ich verlasse
das Hotel und will zum Blue Note Jazzclub. Unten:
Lautstarkes Getöse! Verängstigt schaue ich mich um.
An jeder Ecke des Washington Square Platzes steht
ein Afroamerikaner. Ich versuche,
zu passieren. Da! Ein Afroamerikaner kommt auf
mich zu:
»Don't be afraid, baby! We are gods children, too!«
Na, Gott sei Dank. Und was ist das für ein
fürchterliches Getöse? Vietnam-Veteranen auf der
Sixth Avenue demonstrieren und protestieren gegen
den Kuweit-Krieg.